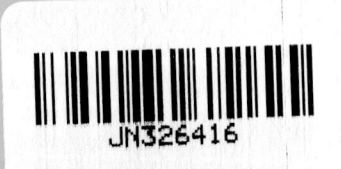

ワイン好きの
中華
おつまみ100

Wine appetizer

ワイン王国

CONTENTS

おいしい野菜料理

ワインがすすむ魚介料理

極うま中華の肉料理

本格味の卵料理・豆腐料理

満足の逸品　点心・ごはん・麺

おいしく作るために

- ◆ 材料表記の「スープ」は、134ページで作り方を紹介しています。
- ◆ 材料の分量と、写真の料理の分量は必ずしも一致しません。
- ◆ 一般家庭では、テフロン加工のフライパンを使用することが多いので、適度な油が必要な料理以外、炒め油については表記していません。炒めものをするときは、鍋の素材などに合わせて、適宜炒め油を使ってください。
- ◆ 下茹で用の湯の分量、油通しの油の分量、揚げ油の分量は表記していませんので、家庭で扱いやすい量で行ってください。

はじめに

「本格的な中華料理を家庭で作るのは難しい」
そんなイメージを持っている人も多いでしょう。
確かに、中華料理は“火の料理”ともいわれるように
おいしく仕上げるため、強い火力が欠かせません。
でも、あきらめることはありません。
火力がなくても、大きな中華鍋がなくても大丈夫。
ふつうのご家庭でも、ちょっと工夫すれば
本格的な味わいの中華料理が楽しめるのです。

「ご家庭でも、もっと気楽に、中華料理を楽しんでほしい」。
そして、もう一つ。
「もっと気軽に、ワインと中華料理の組み合わせを楽しんでほしい」。
そんな思いで、本書のレシピを考えました。

実際に試していただくと
「ワインと中華料理って、こんなに相性がいいのか」と驚くでしょう。
本書では、ご家庭で中華料理とワインを組み合わせるときの
ご参考になればと、おすすめワインもご紹介していますが
これにこだわる必要は全くありません。

料理もワイン選びも、自分の好み、自分の感性で自由に楽しんでください。
本書がそのヒントになれば、幸いです。

●おいしい

野菜料理

グリーンアスパラガスと鶏肉の炒めもの

材料／2〜3人分

グリーンアスパラガス	3本
鶏肉（もも肉）	200g
生椎茸	2枚
ねぎ	20g
黄にら	15g
にんにく（みじん切り）	小さじ1／3
ねぎ（みじん切り）	小さじ1／3
生姜（みじん切り）	小さじ1／3
紹興酒	大さじ1
胡麻油	小さじ1
A	
卵	小さじ1
醤油	少々
油	大さじ1
片栗粉	小さじ1
B	
醤油	小さじ2
オイスターソース	小さじ1
スープ	大さじ1
塩	小さじ1
胡椒	少々
砂糖	少々
片栗粉	少々

作り方

① グリーンアスパラガスは下の4〜5cmは皮をむき、4〜5cmぐらいの斜めに乱切りする。
② 生椎茸、ねぎ、黄にらも4〜5cmぐらいに切る。
③ 1と生椎茸を少量の油（分量外）と塩（分量外）を少々入れた湯で茹で、ざるにあげる。
④ 鶏肉は一口大に切りそろえ、Aをよく混ぜて練り込み、30分以上おく。
⑤ 4を九分程度、火が通るまで油通しをする。
⑥ フライパンでにんにく、ねぎ、生姜をよく炒めてから、3、5を入れて炒め、紹興酒、Bを入れる。
⑦ 最後に胡麻油、黄にらを入れ、炒め合わせて、器に盛る。

こんな*Wine*をチョイス

軽めのピノ・ノワールがいいでしょう。「鶏の香ばしさ、オイスターソースと相性のいいワインは？」と考えました。

スナップえんどうの炒めもの

材料／2～3人分

スナップえんどう	200g
生姜（みじん切り）	小さじ1／3
A	
スープ	大さじ2
塩	小さじ1／3
砂糖	少々
胡椒	少々
水溶き片栗粉	少々

作り方

① 塩(分量外)と油(分量外)を少々入れた湯で、スナップえんどうを茹で、ざるにあげる。

② フライパンで生姜を炒め、1を加えて、Aで味つけをして、皿に盛る。

ほうれん草と豚肉の炒めもの

材料／2～3人分

ほうれん草	150g
赤ピーマン	1／2個
豚ばら肉（スライス）	150g
生姜（みじん切り）	小さじ1／3
A	
スープ	大さじ1と1／3
塩	小さじ1／2
砂糖	小さじ1／3
胡椒	少々
片栗粉	小さじ1／2

作り方

① ほうれん草をざく切り、赤ピーマンは細切りにして、塩(分量外)と油(分量外)を少々入れた湯で茹で、ざるにあげる。

② 豚ばら肉を3cm幅に切って、油通しをして、油を切る。

③ フライパンに生姜を入れて軽く炒め、1、2を加えて炒め、Aで味をつけて器に盛る。

白菜と小海老の土鍋煮込み

材料／2～3人分

白菜	100g
小海老（頭と殻がついたもの）	6～8尾
わけぎ（ざく切り）	30g
春雨	30g
スープ	170cc
紹興酒	少々
A	
にんにく（みじん切り）	小さじ1／3
生姜（みじん切り）	小さじ1／3
B	
塩	小さじ1／2
チキンコンソメ	小さじ1／3
酒	大さじ1～2

作り方

① 白菜を拍子切りにして、塩（分量外）と油（分量外）を少々入れた湯で茹で、ざるにあげる。

② 小海老を油通しして、七分ぐらい火を入れてから、油を切り、フライパンで両面焦げ目がつくくらい焼いて香りを出す。

③ 2の小海老を取り出してから、フライパンでAとわけぎを炒め、香りが出たらスープを注ぎ、紹興酒を入れる。

④ 3、小海老を土鍋に入れ、火にかけて1、春雨を加えて煮込み、仕上げにBを入れて、器に盛る。

れんこんと豚肉の煮込み

材料／2～3人分

れんこん	100g
豚肉（スライス）	90g
わけぎ（ざく切り）	適量
ねぎ（みじん切り）	小さじ1／3
にんにく（みじん切り）	小さじ1／3
生姜（みじん切り）	小さじ1／3
A	
溶き卵	小さじ1
醤油	小さじ1／2
油	大さじ1
胡椒	少々
片栗粉	小さじ1

B	
スープ	200cc
砂糖	少々
チキンコンソメ	少々
醤油	小さじ1
オイスターソース	小さじ1
紹興酒	少々
胡椒	少々
水溶き片栗粉	少々
胡麻油	少々

作り方

① れんこんは皮をむいて適当な大きさに切り、包丁でたたく。

② 豚肉はAで下味をつけ、油通しして、油を切る。

③ ねぎ、にんにく、生姜を炒めて香りを出し、1、2を炒める。

④ 3にわけぎを入れ、Bを入れて、約1～2分煮込む。少量の水溶き片栗粉でまとめ、最後に胡麻油をたらして、器に盛る。

切干大根とごぼうのピリ辛あえ

材料／2〜3人分

切干大根	100g
ごぼう	100g
A	
水	300cc
醤油	150cc
薄口醤油	80cc
砂糖	140g
八角	適量
山椒	適量
桂皮	適量
焼酎（もしくはウォッカ）	大さじ2
ねぎ（細切り）	1／2本
胡麻油	適量
鷹の爪	少々

作り方

① 切干大根をもみ洗いしてから、ぬるま湯（分量外）か水（分量外）に約10分漬けて、戻す。
② 1をしぼって水気を切る。
③ ごぼうをささがきにして、水にさらしてアクをぬき、茹でる。茹で上がったら、水にさらしてざるにとり、水気を切っておく。
④ Aを10〜12分弱火で加熱し、火を止め、あら熱がとれたら、焼酎を加える。
⑤ 4に、2、3を漬け込む。
⑥ 食べるときに5から切干大根、ごぼうを取り出し、ねぎ、胡麻油であえて器に盛り、鷹の爪を散らす。

こんなWineをチョイス

ごぼうという素材からワインをチョイス。やや土の香りが感じられる、ローヌ地方の白ワインと相性がいいと思います。

中華料理でよく使う調味料

八角

八角状の星のようなかわいらしい形をしたスパイス。独特の香りとほのかな苦味があります。

いろいろきのこの炒め

材料 / 2～3人分

椎茸	50g
エリンギ	50g
しめじ	50g
舞茸	50g
えのき茸	50g

※きのこの種類はお好みでOK

にんにく（スライス）	適量
わけぎ（ざく切り）	30g

A

スープ	大さじ2
塩	少々
オイスターソース	大さじ1
醤油	小さじ1
砂糖	少々
紹興酒	少々
水溶き片栗粉	少々
胡麻油	少々

作り方

① きのこ類はそれぞれ食べやすい大きさに切り、塩(分量外)と油(分量外)を少々入れた湯(分量外)で茹で、ざるにあげる。

② フライパンに大さじ2～3の油(分量外)をしき、にんにく、わけぎ、1をよく炒める。

③ 2に焦げ目がついてきたらAで味をつけ、器に盛る。

ひき肉とそら豆の炒めもの

材料／2～3人分

そら豆	120g
豚ひき肉	50g
生姜（みじん切り）	小さじ1
ザーサイ（みじん切り）	小さじ1
干し海老（みじん切り）	小さじ1
ねぎ（みじん切り）	小さじ1

A

スープ	大さじ1と1／3
オイスターソース	小さじ1／2
醤油	適量
塩	少々
砂糖	少々
胡椒	少々
片栗粉	少々
紹興酒	少々
胡麻油	少々

作り方

① そら豆を塩(分量外)でまぶして15分ほどおき、皮をむき、湯にひとつまみの塩(分量外)を入れ、サッと茹でる。

② フライパンに生姜を入れて軽く炒め、ザーサイ、干し海老、豚ひき肉を炒める。

③ 2に1、ねぎを入れ、Aの調味料で味をととのえ、紹興酒、胡麻油をまわし入れて、器に盛る。

にがうり、チャーシュー、葛切りのあえもの

材料／2〜3人分

にがうり	100g
チャーシュー	80g
葛切り	50g
にんにく（せん切り）	1かけ
A	
オイスターソース	大さじ1
豆板醤	小さじ1／2
胡麻油	小さじ1／2
油	大さじ3

作り方

① 葛切りをたっぷりの湯（分量外）で約15〜18分間茹で、冷水に入れて冷まし、水気を切る。

② チャーシューとにがうりは、葛切りと同じぐらいの細切りにする。

③ 砂糖大さじ3（分量外）を加えた1ℓの湯（分量外）に、にがうりを入れて2分茹で、冷水に入れて冷まし、水気を切る。

④ 1、チャーシュー、3をボウルの中で合わせる。

⑤ フライパンに油を入れ、にんにくを焦がさないように加熱する。

⑥ 4に油ごと5を入れ、Aも加え、かき混ぜて味をなじませ、器に盛る。

大根皮の醤油漬け

材料／2〜3人分

大根	適量
A（作りやすい分量）	
醤油	200cc
砂糖	200g
日本酒	150cc
紹興酒	150cc
にんにく	少々
山椒	少々
生姜	少々
胡麻油	少々
鷹の爪	1本

作り方

① Aの材料を合わせ、一度沸騰させ、こしておく。
② 大根の皮をピーラーでむき、皮を風通しのよいところにおいて、風にあてて1日おく。
③ 翌日、2を1に漬け、2時間おいて、器に盛り、鷹の爪を飾る。

八宝菜

材料／4人分

海老（むき身）	70g
いか	70g
チャーシュー	70g
ヤングコーン	4本（140g）
筍	40g
くわい	30g
ブロッコリー	50g
きくらげ	30g
ふくろだけ	40g
にんじん（かざり切り）	2～3枚

A＜海老、いかの下味＞

卵白	小さじ1
塩	小さじ1
片栗粉	小さじ1
油	大さじ2
片栗粉	小さじ1
胡椒	少々

B

スープ	大さじ2
オイスターソース	小さじ2
醤油	小さじ2
砂糖	小さじ1／3
塩	小さじ1／3

にんにく（みじん切り）	小さじ1／3
生姜（みじん切り）	小さじ1／3

胡麻油	少々

作り方

① 海老といかはAで下味をつけて、油通しをする。

② チャーシューは一口大に切り、他の野菜も同じぐらいの大きさに切りそろえる。

③ ヤングコーン、筍、くわい、ブロッコリー、きくらげ、ふくろだけ、にんじんは塩(分量外)と油(分量外)を少々入れた湯で茹で、水気を切る。

④ フライパンでにんにく、生姜を炒め香りを出し、1、2、3を加えよく炒め、Bを入れさらによく炒める。仕上げに胡麻油をたらし、器に盛る。

しめじのレバーペースト炒め

材料／３～４人分

しめじ	300～320g
鶏レバー	30g
牛乳	適量
万能ねぎ（ざく切り）	20g
A（合わせておく）	
醤油	大さじ１と１／３
砂糖	大さじ１
紹興酒	大さじ２／３
にんにく（すりおろし）	小さじ１／２
生姜（すりおろし）	小さじ１／２
胡麻油	少々

作り方

① 鶏レバーをボウルに入れ、牛乳をかぶるくらいに注ぎ、冷蔵庫に1時間ほど入れて臭みをとる。

② 1をそのままセイロで8分蒸し、レバーを取り出して、裏ごしをする。

③ しめじを手でほぐし、片栗粉(分量外)をまぶし、油で揚げる。

④ Aと2をフライパンに入れて加熱し3を加えて炒め、万能ねぎを加え、器に盛る。

青菜炒め

材料／2～3人分

小松菜（ざく切り）	1把
赤ピーマン	1／2個
紹興酒	大さじ1
胡麻油	小さじ1
A	
にんにく（みじん切り）	少々
生姜（みじん切り）	少々
エシャロット（みじん切り）	少々
B	
チキンコンソメ	小さじ1／2
塩	少々
砂糖	少々
湯	大さじ1

作り方

① 小松菜は塩(分量外)と油(分量外)を少々入れた湯で茹で、ざるにあげる。

② フライパンでAを炒め、赤ピーマン、1を加えて強火で炒める。

③ 2に紹興酒を加えてサッと炒め合わせてから、Bを入れ、最後に胡麻油を加えて、器に盛る。

白なすとひき肉の甘辛炒め

材料／2～3人分

白なす	6個	B	
豚ひき肉	50g	醤油	大さじ1
		砂糖	小さじ1
ねぎ（みじん切り）	大さじ2／3	酢	小さじ1
にんにく	小さじ2	スープ	100cc
生姜（みじん切り）	小さじ2	オイスターソース	小さじ1
A		酢	少々
紹興酒	少々	水溶き片栗粉	少々
豆板醤	小さじ1	胡麻油	少々
甜麺醤	小さじ1	粉山椒	少々

作り方

① 白なすは皮をむいてへたを落とし、縦に5~6等分に切る。
② 1を高温の油で、少し色がつくくらいまで揚げておく。
③ フライパンでねぎ、にんにく、生姜を炒め、豚ひき肉を加え炒めほぐし、Aを加える。
④ 3にBを加えて味をととのえ、2を入れ、酢を加えてから水溶き片栗粉でとろみをつける。
⑤ 4に胡麻油、粉山椒を入れて仕上げ、器に盛る。

いんげん豆と豚ひき肉の炒め煮込み

材料／2～3人分

いんげん豆	120g
豚ひき肉	50g
豆板醤	小さじ1／3

A

ザーサイ（みじん切り）	小さじ1
干し海老（みじん切り）	小さじ1
にんにく（みじん切り）	小さじ1
生姜（みじん切り）	小さじ1
ねぎ（みじん切り）	小さじ1

B

スープ	大さじ2
オイスターソース	小さじ1／3
塩	小さじ1／4
砂糖	少々
胡椒	少々
醤油	少々
紹興酒	少々
胡麻油	少々

作り方

① いんげん豆の両端を少し切り落としてから、3～4cmの長さに切りそろえる。
② 1を油で揚げる。
③ フライパンで豚ひき肉、豆板醤、Aを炒めて香りを出し、2とBを加え、少し煮込んで、皿に盛る。

こんなWineをチョイス

オイスターソースを使った甘めのソースには、ジンファンデルというボリューム＆果実味のあるぶどう品種のワインが合うでしょう。

中華料理で
よく使う調味料

オイスターソース

塩漬けにした牡蠣を発酵させ、その煮汁を濃縮して作られたソース。独特の甘みとコクがあり、隠し味に使うと旨みが増します。

トマトと鶏肉のあえもの

材料／2～3人分

鶏もも肉	300g	B	
トマト	1個	醤油	大さじ2
きゅうり	1本	砂糖	大さじ2
カシューナッツ	適量	豆板醤	小さじ4
		胡麻油	大さじ1と1／2
A（合わせておく）		辣油	大さじ1と1／2
スープ	2と1／2	にんにく（みじん切り）	大さじ1
塩	大さじ2	生姜（みじん切り）	大さじ1
日本酒	大さじ2	酢	大さじ1
ねぎ（みじん切り）	適量	粉山椒	適量
生姜（みじん切り）	適量		

作り方

① 鶏もも肉は茹でてから冷まし、水気を切って、Aに漬けて、冷蔵庫で1日寝かす。

② 1の鶏肉の汁気を切って、2cm角に切る。トマト、きゅうりも2cm角に切る。

③ カシューナッツは砕く。

④ ボールに2、3を合わせ、Bのたれを加えて、あえ、器に盛る。

キャベツとベーコンの簡単サラダ

材料 / 2～3人分

キャベツ	1／2個
ピーナッツ油	適量
ベーコン（または金華ハム）	少々
にんにく（スライス）	1個分
醤油	少々

作り方

① キャベツはせん切りにして水にさらし、ざるにあげる。
② フライパンにピーナッツ油を入れ、ベーコン、にんにくを入れ、加熱する。
③ キャベツを器に盛り、2をジャーっとかけ、醤油をかける。

レタスのオイスターソースがけ

材料／2～3人分

レタス	1／2個
※アスパラガス、ブロッコリーなどでもよい	
A	
オイスターソース	大さじ1
紹興酒	小さじ1
スープ	大さじ1
油	大さじ1／2
胡麻油	小さじ1

作り方

① レタスは一口大にちぎり、塩(分量外)と油(分量外)を少々入れた湯で茹で、ざるにあげる。

② フライパンにAを入れて強火で少し煮詰めてから、胡麻油を加える。

③ 器に1を盛り、2をかける。

白菜の酢漬け

材料 / 作りやすい分量

白菜	1玉
A	
酢（あればホワイトビネガー）	
	550cc
砂糖	550g
塩	小さじ1
水	400cc
桂花酒	50cc
ねぎ（みじん切り）	適量
生姜（みじん切り）	適量
鷹の爪	1本
山椒	適量
白胡麻	少々

作り方

① Aはいったん沸かして、冷ます。
② 白菜に塩（分量外）をふり、重しをしてしんなりしたら、塩を抜きしぼる。
③ 2は芯だけを細切りにする。
④ 油300cc（分量外）にねぎ、生姜、鷹の爪を入れ、火にかける。鷹の爪が黒くなったら、山椒を入れて、こす。
⑤ 3の白菜に④の油をかけてから、1をかけしばらくおいて味をなじませてから、器に盛り、白胡麻をふる。

※写真では、白菜と一緒に漬けたカラーピーマンを飾りとして盛り付けています。

春野菜の醤油漬け

材料 / 2〜3人分

かぶ	適量
ミニにんじん	適量
ミニ大根	適量
セロリ	適量
きゅうり	適量
みょうが	適量
A	
水	500cc
花椒（中国山椒）	大さじ3
陳皮	3かけ
醤油	500cc
砂糖	90g
にんにく（たたいておく）	2かけ
生姜（たたいておく）	適量（にんにくと同量程度）
酢	100cc

作り方

① かぶは皮をむき、6〜8等分に切る。ミニにんじん、ミニ大根は皮をむき、セロリは筋を取る。きゅうりはたたいて適当な大きさに切る。みょうがは縦半分に切る。

② 1を半日、陰干しして水分をとばす。

③ Aを合わせて沸かし、あら熱がとれたら、にんにく、生姜、酢を加える。

④ 3に2を入れ、冷蔵庫に入れて40〜60分おいて、器に盛る。

きゅうりと干し海老のあえもの

材料／4人分

きゅうり	3本
干し海老	小さじ3
A	
醤油	小さじ1
オイスターソース	小さじ2
豆板醤	小さじ1
胡麻油	大さじ1
生姜（せん切り）	1かけ

作り方

① きゅうりは両端を切り落として縦半分に切り、包丁の腹で皮を軽くたたく。種の部分を取り除き、そぎ切りにする。

② 干し海老はぬるま湯で戻し、水気を切って、細かく切る。

③ Aの材料は混ぜ合わせておく。

④ ボウルに2、3を混ぜ合わせ、1を加えてよくあえ、器に盛る。

枝豆と高菜のあえもの

材料／2～3人分

枝豆（殻つき）	500g
高菜漬け	50g
A	
塩	小さじ1／2
醤油	小さじ1
胡麻油	小さじ1
焼酎（またはウォッカ）	少々

作り方

① 枝豆を4～5分茹で、冷ましてから殻を取る。

② 高菜漬けはもみ洗いし、よくしぼってみじん切りにする。

③ Aを合わせた中に1、2を加え、あえて器に盛る。

夏野菜のマスタードソース

材料 / 2〜3人分

とうもろこし	適量
枝豆	適量
かぼちゃ	適量
ズッキーニ	適量
アスパラ	適量
なす	適量
みょうが	適量
おくら	適量

※それぞれ食べやすい大きさに切っておく

片栗粉	適量

A

醤油	大さじ3と1／3
ねぎ（みじん切り）	大さじ2
生姜（みじん切り）	大さじ1
マスタード	大さじ2
砂糖	小さじ1
胡麻油	少々
マヨネーズ	大さじ2

油	大さじ3

作り方

① とうもろこしは茹でて適当な大きさに切り、枝豆は茹でて豆だけ取り出す。
② 1以外の野菜は薄く片栗粉をつけ、揚げる。
③ Aをボウルに入れて混ぜてから、熱した油をジュッとかけてかき混ぜ、ソースを作る。
④ 器に1、2を盛り、ソースポットに3を入れて添える。

ミニトマトの杏酒漬け

材料／2人分

ミニトマト	10個
＜シロップ＞	
杏酒	1カップ
レモン汁	1／2カップ
砂糖	大さじ1
塩	小さじ1
セルフィーユ	適量

作り方

① 鍋にシロップの材料と水3／4カップ(分量外)を入れて中火にかけ、沸騰したら火を止めて、あら熱をとる。

② ミニトマトは湯むきをして、へたをとる。

③ 1に2を入れ、冷蔵庫で半日ほど冷やす。

④ 器に3のミニトマトを盛り、シロップ適量をかけて、セルフィーユを飾る。

こんなWineをチョイス

甘い杏酒を使った料理なので、甘いデザートワインがよいでしょう。お好みで、逆に辛口ワインを合わせてもおもしろいかもしれません。

中華料理でよく使う調味料

杏酒

爽やかな風味と甘い香りが食欲をそそります。野菜、魚、肉など、どんな素材とも相性がよく、炭酸などで割って飲んでもおいしい。

なすのジュレ寄せ

材料 / 4～5人分

なす	3～4本
＜ジュレ＞	
粉ゼラチン	45g
スープ	3カップ
塩	小さじ2
胡椒	少々
紹興酒	大さじ1
クコの実	20～25粒
紹興酒	適量

作り方

① 粉ゼラチンは、水1／4カップ(分量外)の中にふり入れて、ふやかしておく。

② なすは縦半分に切り、皮目と切り口に5mm間隔で斜めに切り目を入れて、大きめの乱切りにする。

③ 鍋にスープを入れて温め、塩、胡椒、紹興酒を入れて混ぜ、火を止めて、1のゼラチンを加えて溶かし、ジュレを作る。ゼラチンが溶けたらバットなどに移す。

④ 2を揚げ、3に入れて、冷蔵庫で1時間ほど冷やす。

⑤ クコの実は、ひたひたの紹興酒に30分ほど浸して戻し、水気を切る。

⑥ 器に4を盛り、5のクコの実を飾る。

なすのにんにく蒸し

材料／2～3人分

なす	350g（4本）
春雨	40g
にんにく（みじん切り）	120g
エシャロット（みじん切り）	40g
万能ねぎ	25g（1～2本）
A	
塩	小さじ1
砂糖	小さじ1／3
チキンコンソメ	小さじ1／2
水	大さじ1
片栗粉	小さじ1
油	大さじ1と1／2

＜特製醤油＞	
スープ	50cc
醤油	大さじ1
ナンプラー	小さじ2
砂糖	小さじ1

作り方

① 春雨を軽く茹でてから、水に浸して戻し、ざるにあけ、水気をよく切る。
② にんにく100gだけを油（分量外）で炒める。
③ ボウルに2、残りの20gの生のにんにく、エシャロット、Aを入れてかき混ぜ、さらに油を加え、軽くかき混ぜる。
④ なすの皮をむき、縦に6等分に切る。
⑤ 4に3を加え、よくかき混ぜる。
⑥ 皿に1をしきつめ、その上に5を並べセイロで8分間蒸す。
⑦ 蒸し上がったら小口切りにした万能ねぎをのせて、加熱した油（分量外）をジュッとかけ、特製醤油をかける。

長芋のスパイス揚げ

材料／4人分

長芋	3／4本（400g）
＜揚げ衣＞	
塩	小さじ1／2
豆板醤	小さじ1
溶き卵	大さじ2
五香粉《ウーシャンフェン》	小さじ1／4
胡椒	少々
焼酎（たまはウォッカ）	小さじ2
片栗粉	大さじ3
香菜	適量

作り方

① 長芋は皮をむき、長さ3〜4cmの拍子切りにする。

② ボウルに揚げ衣の材料を合わせ、1の長芋を入れて形を壊さないように混ぜる。

③ 2を揚げ、器に盛り、香菜をのせる。

大根と里芋の干し貝柱煮込み

材料／4人分

大根	12cm
里芋	小6個（または中4個）
干し貝柱	3個
干し海老	大さじ1
紹興酒	大さじ1
スープ	3カップ
砂糖	小さじ1／3
オイスターソース	小さじ2
醤油	小さじ1
塩、胡椒	各少々
水溶き片栗粉	大さじ1と1／2
ねぎ油（あれば）	適量

作り方

① 干し貝柱を戻し、戻し汁ごと蒸し器に入れて2時間蒸し、あら熱をとってほぐす。

② 干し海老はぬるま湯に浸して戻す。

③ 大根は約1.5cmの輪切りにして皮をむき、半月形に切って、面とりをする。里芋は皮をむく。

④ 鍋にたっぷりの湯（分量外）を沸かし、3を入れ、やわらかくなるまで茹でる。

⑤ フライパンで2を軽く炒め、紹興酒、スープを加える。

⑥ 5に4を加え、1を戻し汁ごと入れ、砂糖、オイスターソース、醤油を加えて、弱火で5分ほど煮込む。

⑦ 6に塩、胡椒を加えて味をととのえ、水溶き片栗粉でとろみをつけて、あればねぎ油をまわしかける。

白菜のクリーム煮

材料／2～3人分

白菜	3～4枚（300g）
＜白菜のゆで汁＞	
塩	大さじ1／2
胡椒	少々
砂糖	大さじ1
油	大さじ2
スープ	3／4カップ
油	小さじ1／2
紹興酒	大さじ1
バター	小さじ1強
塩、砂糖	各小さじ1／2
胡椒	少々
水溶き片栗粉	大さじ1
生クリーム	1／4カップ

作り方

① 鍋に水3と1／2カップ(分量外)、白菜のゆで汁の材料を入れて火にかける。

② 1が沸騰したら縦5～6等分にした白菜を入れ、中火で10分ほど茹で、ざるにあげて水気を切って器に盛る。

③ 中華鍋(フライパンでもよい)にスープ、油、紹興酒を入れて熱し、沸騰したらバター、塩、砂糖、胡椒を加える。水溶き片栗粉でゆるめにとろみをつけ、最後に生クリームを加え、ひと煮立ちしたら、2にかける。

●ワインがすすむ　魚介料理

あさりの豆豉炒め

材料／2～3人分

あさり（むき身）	400g
あさつき（みじん切り）	2～3本分
にんにく（みじん切り）	小さじ1／3
生姜（みじん切り）	小さじ1／3
鷹の爪（小口切り）	少々
豆豉	小さじ1
スープ	50cc
塩	少々
砂糖	少々
胡椒	少々
オイスターソース	小さじ2
水溶き片栗粉	少々

作り方

① 塩（分量外）と油（分量外）を少々入れた湯で、あさりを茹で、ざるにあげる。

② 弱火でにんにく、生姜、鷹の爪を炒め、そこに豆豉、1を入れる。

③ 2にスープ、塩、砂糖、胡椒、オイスターソース、水溶き片栗粉を加え、仕上げにあさつきをちらしてから火を止め、器に盛る。

こんな*Wine*をチョイス

ソースに合わせてではなく、素材のあさりに合わせて、柑橘系の爽やかな味わいが魅力のソーヴィニヨン・ブランをチョイスしてみては。

中華料理で
よく使う調味料

豆豉

大豆に塩を加えて、発酵させたもの。うまみが強く、炒めもの、煮もの、蒸しものなどに広く使われます。

海老の辛味炒め

材料／2〜3人分

海老（むき身）	200g
ピーマン（拍子切り）	30g
赤ピーマン（拍子切り）	20g
ねぎ	50g（細いもの1本）

にんにく（スライス）	適量
鷹の爪（輪切り）	1本分
カシューナッツ	100g

A

塩	小さじ1／4
卵白	少々
片栗粉	小さじ1／4
胡麻油	少々
重曹	小さじ1／4

B

醤油	大さじ1
砂糖	大さじ1
紹興酒	大さじ3
酢	小さじ1

作り方

① 海老はAで下味をつけてから、油通しをして、油を切る。

② 赤ピーマン、ピーマンは塩(分量外)と油(分量外)を少々入れた湯(分量外)で茹で、ざるにあげる。

③ フライパンに少量の油(分量外)を入れて、にんにく、鷹の爪を炒める。

④ ねぎは3cmくらいの斜め切りにして、3に入れて炒め、1、2を加えて炒め合わせる。

⑤ 4にB、カシューナッツを加えて混ぜ合わせ、器に盛る。

いかのピリ辛炒め

材料／2～3人分

やりいか	2杯分
わけぎ	6本
鷹の爪	2～3本
にんにく（スライス）	1かけ
エシャロット(みじん切り)	1／2個
A	
沙茶醤《サーチャージャン》	大さじ1
スープ	大さじ1
醤油	小さじ1
オイスターソース	小さじ1
水溶き片栗粉	小さじ1
砂糖	小さじ1／2
胡麻油	適量
油	大さじ2

作り方

① やりいかは水洗いして、内臓、目玉、クチバシ、軟骨を取り除き、胴の皮をむく。胴は幅2～3cmに切り、足はぶつ切りにする。エンペラは格子状に切り目を入れ、ひと口大に切る。

② わけぎは長さ3cmに切る。

③ ボウルにAの材料を入れて、混ぜ合わせる。

④ フライパンに油大さじ1を入れて熱し、1のいかの胴とエンペラを入れて中火でさっと炒め、表面が白くなったらとり出す。

⑤ 4に油大さじ1を足し、鷹の爪とにんにくを入れて弱火で炒める。香りがたったら、エシャロットといかの足を入れて強火で炒める。

⑥ 5に4のいかを戻し入れ、3のピリ辛ソースを加え、2を入れてさっと炒め合わせ、器に盛る。

帆立貝の中国味噌蒸し

材料／2～3人分

帆立貝	3個
ねぎ（適当な大きさに切ったもの）	適量
ねぎ（みじん切り）	大さじ2／3
油	適量

A

オイスターソース	小さじ1
醤油	小さじ1／2
にんにく（みじん切り）	小さじ1／3
生姜（みじん切り）	小さじ1／3
ピーマン（あらみじん切り）	大さじ1と1／3
赤ピーマン（あらみじん切り）	大さじ1と1／3
ねぎ（みじん切り）	大さじ1と1／3
スープ	大さじ1
豆豉	小さじ2
豆板醤	少々
砂糖	少々
胡麻油	少々
片栗粉	少々

作り方

① 帆立貝を横に半分に切って、表面に格子状に軽く包丁を入れる。
② Aの材料を合わせておく。
③ ねぎを器に並べ、1をのせ、2を上から平らにかける。
④ セイロに3を入れ、3分間蒸す。
⑤ 4にみじん切りしたねぎをかけ、熱した油をかける。

赤はたの姿蒸し　特製醤油ソース

材料／2〜3人分

赤はた	1匹
ねぎ（適当な大きさに切ったもの）	適量
ねぎ	適量
油	大さじ1
醤油	少々
香菜	適量
塩	少々
胡椒	少々
A	
スープ	50cc
醤油	大さじ1
ナンプラー	小さじ2
砂糖	小さじ1

作り方

① 赤はたを下処理し、背びれにそって包丁をいれて、全体に塩、胡椒をしておく。

② 皿に適当な大きさに切ったねぎをしき、1をのせ、Aを合わせて、上からかける。

③ 2をセイロに入れ、7分間蒸す。蒸しあがったら、器に残ったタレは別にとっておく。

④ 3の上に細く斜め切りにしたねぎをのせ、熱した油をジュッとかける。

⑤ 3のタレに醤油を加えて加熱し、4の上からかけ、香菜をのせて出来上がり。

クラゲの酢のもの

材料 / 4人分

クラゲ（塩漬け）	100g
白胡麻	適量
パセリ	適量
A	
醤油	大さじ1
酢	小さじ1と1／2
砂糖	小さじ1
胡麻油	小さじ2／3
辣油	少々

作り方

① クラゲは沸騰した湯に入れてすぐ火を止め、クラゲが縮まったら、流水に落としてよくもみ洗いし、しばらく流水にさらす。色が透き通って、膨らんできたら、ボウルに水を張ってクラゲをつけ、途中で数回水を換えながら、5時間以上冷蔵庫におく。

② 1をざるに上げ、よく水気を切り、軽くしぼっておく。

③ ボウルにAの材料を入れて混ぜ合わせる。

④ 3に2を入れてあえ、味をなじませる。

⑤ 4を器に盛って白胡麻をふり、パセリを添える。

鰹とルッコラの胡麻あえ

材料／2～3人分

鰹（刺し身用さく）	250g
ルッコラ	100g
オイスターソース	大さじ1
醤油	大さじ1
豆板醤	小さじ1
胡麻油	小さじ1
砂糖、胡椒	各少々
白胡麻	1／3カップ（40g）

作り方

① 鰹は熱した焼き網にのせ、ガスの直火で表面をさっと焼く。すぐ氷水にとって冷まし、水気をふく。

② ルッコラはざく切りにして水洗いし、ざるにあげて水気を切る。

③ 1を1cm幅に切り、ボウルに入れ、オイスターソース、醤油、豆板醤、胡麻油、砂糖、胡椒を加えて鰹の身を崩さないように混ぜる。

④ 3を白胡麻で、軽くあえてなじませる。

⑤ 器に2を敷き、その上に4をのせる。

グリーンアスパラガスと帆立のXO醤炒め

材料／4人分

グリーンアスパラガス	120g～130g（4本）
帆立貝	4個
にんじん（飾り切りスライス）	4～5枚
しめじ	50g
わけぎ（ざく切り）	20g
にんにく（みじん切り）	少々
生姜（みじん切り）	少々
XO醤	小さじ2
A	
スープ	大さじ3
塩	小さじ1／3
砂糖	小さじ1／4
チキンコンソメ	小さじ1／3
胡麻油	少々
水溶き片栗粉	少々

作り方

① グリーンアスパラガスは下の部分4～5cmぐらいは皮をむき、3cmの間隔で斜めに切る。
② 帆立貝は横に包丁を入れ、半分に切る。
④ にんじんは塩(分量外)と油(分量外)を少々入れた湯で茹で、ざるにあげる。
⑤ 4の湯で、2をさっと茹で、水気を切り、その後、油通しをする。
⑥ フライパンでにんにく、生姜を炒め、次にしめじ、わけぎ、XO醤を加え、さら4と5を加え、強火でいっきに炒め、Aで味をつけ器に盛る。

こんな*Wine*をチョイス

XO醤の香ばしさ、炒めた帆立のボリューム感に合わせ、白ワインでも繊細なものではなく、ボリュームのあるシャルドネがおすすめ。

中華料理で
よく使う調味料

XO醤

干し貝柱・金華ハム・干しえびなどの高級食材をふんだんに使ったペースト状の調味料。薬味に使ってもよい。

帆立貝の梅ソース蒸し

材料／2〜3人分

帆立貝	3個
A（作りやすい分量）	
オリーブオイル漬けセミドライトマト（※プチトマトをオーブンで焼いたものでもOK）	100g
梅干	50g
エシャロット	50g
にんにく	10g
エクストラバージンオリーブオイル	100cc
片栗粉	大さじ1弱
砂糖	100g
塩	大さじ2／3
ねぎ（適当な大きさに切ったもの）	適量
香菜	少々

作り方

① 帆立貝を横に半分に切り、格子状に隠し包丁を入れる。

② Aを混ぜ合わせ、帆立貝の隠し包丁をした面に平らにのせる。

③ 皿にねぎをしき、その上に2を盛り、せいろで3分蒸す。

④ 3が蒸しあがったら、香菜をのせる。

白身魚のガーリック蒸し

材料／2～3人分

白身魚（銀だらなど）	4枚	B	
春雨	40g	スープ	100cc
にんにく（みじん切り）	120g	醤油	大さじ2
エシャロット（みじん切り）	40g	ナンプラー	大さじ1と1／3
陳皮（みじん切り）	少々	砂糖	小さじ1
油	大さじ1と1／2	胡椒	少々
		片栗粉	少々
A			
塩	小さじ1	万能ねぎ（小口切り）	適量
砂糖	小さじ1／3	油	適量
水	大さじ1		
片栗粉	小さじ1		

作り方

① 春雨は茹でてから水に浸して、ざるにあけ、水気を切っておく。
② にんにく100gをキツネ色になるまで炒める。
③ ボウルに2と残りのにんにく20g、エシャロットと陳皮、Aを加えて混ぜ、油を加えてさらに混ぜる。
④ Bを合わせておく。
⑤ 皿に1を広げ、その上に適当な大きさに切った白身魚をのせ、片栗粉を薄くまぶして3のソースをかけて、セイロで5分蒸す。
⑥ 蒸し上がった5に、万能ねぎをかけ、熱した油をジュッとかけ4のたれをかける。

蟹肉入り卵焼きのあんかけ

材料／2～3人分

卵	3個
椎茸	1枚
チャーシュー（またはロースハム）	10g
蟹肉	15g
ねぎ（みじん切り）	大さじ2
グリーンピース（缶詰）	適量

A

塩	小さじ1／2
胡椒	少々
胡麻油	少々

B

スープ	130cc
オイスターソース	小さじ1
醤油	小さじ1／3
塩	少々
砂糖	少々
胡椒	少々

水溶き片栗粉	少々
紹興酒	少々
胡麻油	少々

作り方

① 椎茸、チャーシューをマッチ棒くらいのサイズに切りそろえる。

② ボールに卵を割り入れ、1と蟹肉、ねぎを加え、Aで下味をつけ、かき混ぜる。

③ フライパンに2を入れ、中火で半熟状になるまで炒め、両面をこんがり焼き器に盛る。

④ Bをフライパンに入れて加熱し、水溶き片栗粉でとろみをつけ、紹興酒、胡麻油を加えて、あんを作る。器に盛った卵にあんをかけ、グリーンピースを散らす。

はたのあっさり塩炒め

材料／3～4人分

はた	1尾
	(500g ぐらい)
A	
塩	小さじ1／4
卵白	小さじ1／2
片栗粉	小さじ1／2
胡椒、胡麻油	各少々
しめじ	1／2パック(50g)
赤ピーマン	1／2個

B	
塩	小さじ1／4
砂糖	小さじ1／3
胡椒、胡麻油	各少々
片栗粉	小さじ1／2
スープ	大さじ2
わけぎ（ざく切り）	3本分
にんにく（みじん切り）	小さじ1／3
生姜（みじん切り）	小さじ1／3

作り方

① はたは三枚におろし、食べやすい大きさに切る。

② ボウルにAの材料を入れて混ぜ合わせ、1を加えて、もみ込んでなじませる。

③ しめじは石づきをとり、ほぐす。赤ピーマンは種を除き、乱切りにして、塩(分量外)と油(分量外)を少々入れた湯で茹で、ざるにあげる。

④ 2のはたを揚げ、油をきる。

⑤ ボウルにBの材料を入れて、混ぜ合わせる。

⑥ フライパンにわけぎ、にんにく、生姜を入れて炒め、3、4を加えて炒め合わせ、5で味をつけて、器に盛る。

百合根と海老の炒めもの

材料／2～3人分

海老（むき身）	250g
百合根（下処理済みのもの）	100g
しめじ	40g
にんじん（飾り切りスライス）	2～3枚
ねぎ（ざく切り）	50g
エシャロット（みじん切り）	小さじ1／3
にんにく（みじん切り）	小さじ1／3
黄にら（ざく切り）	20g
A	
塩	小さじ1／3
卵白	小さじ1／3
胡椒	少々
重曹	小さじ1／4
胡麻油	少々
片栗粉	小さじ1／2
油	大さじ2

B	
スープ	大さじ1
塩	小さじ1／3
砂糖	少々
胡麻油	少々
水溶き片栗粉	小さじ1
紹興酒	少々

作り方

① 水洗いして、水気をよく切った海老はAでよくもみ込むようにして下味をつけ、油を加え混ぜて、冷蔵庫で2～3時間おく。

② フライパンで百合根、しめじ、にんじん、ねぎを炒め、100ccの湯(分量外)に塩小さじ1／2(分量外)を加えたもので茹でる。百合根のまわりが透き通ってきたら、すべてをざるにあげ、水気を切る。

③ 1を油通しして、油をよく切っておく。

④ フライパンでエシャロット、にんにくを炒め、2、3を加え、B、紹興酒を合わせて炒め、最後に黄にらを加えて炒め、器に盛る。

秋鮭の炒めもの　レタス包み

材料／4人分

秋鮭	100g
れんこん	20g
干し椎茸（戻したもの）	20g
レタスカップ（レタスを1枚ずつはがし、形を整えたもの）	4枚

A

塩	小さじ1／4
胡椒	少々
胡麻油	少々
片栗粉	小さじ1／3
卵白	小さじ2

B

ねぎ（みじん切り）	大さじ2／3
にんにく（みじん切り）	小さじ1／4
生姜（みじん切り）	小さじ1／4

C

スープ	大さじ1
塩	小さじ1／3
砂糖	小さじ1／4
片栗粉	小さじ1／2

紹興酒	大さじ1

作り方

① 秋鮭はさいの目に切り、Aで下味をつける。

② れんこん、干し椎茸もさいの目に切り、塩（分量外）と酒（分量外）を入れた湯で茹で、ざるにあげる。

③ フライパンを熱しやや多めの油（分量外）を入れて1を炒め、ペーパータオルの上にのせ、余分な油をとっておく。

④ フライパンでBを炒め、香りが出たら2、3を加え炒める。

⑤ 4に紹興酒を加えて、Cで調味する。

⑥ 5をレタスカップに入れ、器に盛る。

海老のオーロラソースあえ

材料／2〜3人分

海老（むき身）	200g
ピーナッツ（あらくくだいたもの）	適量
パプリカパウダー	適量
パセリ（粉末）	適量
A	
塩	小さじ1／4
胡椒	少々
卵白	小さじ1
片栗粉	小さじ1
B（オーロラソース）	
マヨネーズ	大さじ7と1／2
コンデンスミルク	大さじ1
生クリーム	大さじ1
ジン	小さじ2
トマトケチャップ	小さじ1
溶き卵	少々
片栗粉	適量

作り方

① 海老は水洗いして、よく水気を切り、Aで下味をつける。
② Bの材料を混ぜ合わせ、オーロラソースを作る。
③ 1に少量の溶き卵を加え、全体に混ぜたら、片栗粉をまぶし、余分な粉を落とす。
④ 3を揚げ、よく油を切ってから、2のソースにくぐらせる。
⑤ 皿に4を盛り、ピーナッツ、パプリカパウダー、パセリをトッピングする。

こんなWineをチョイス

シュナン・ブランという品種を使ったスパークリングワインがおすすめ。蜜っぽい香り、やや甘めの味わいがオーロラソースとマッチ。

中華料理でよく使う調味料

オーロラソース

フランス語で「オーロラ」は曙という意味、その色からこの名前がつきました。フレンチで使われるオーロラソースとは少し異なります。

まな鰹の醤油煮

材料／4人分

まな鰹	60g × 4枚
豚ばら肉（薄切り）	40g
木綿豆腐	1／3丁

A

溶き卵、片栗粉	各大さじ1と1／2
紹興酒	小さじ1
塩、砂糖	各小さじ1／6
胡椒	少々

にんにく(みじん切り)	小さじ1／2
生姜（みじん切り）	小さじ1／2

B

スープ	3／4カップ
醤油、オイスターソース	各大さじ1
砂糖	小さじ1／2
紹興酒	小さじ2
胡椒	少々

水溶き片栗粉	大さじ2
胡麻油	小さじ2
わけぎ（せん切り）	適量

■豆腐ではなく、厚揚げで代用してもよい。

作り方

① まな鰹は1枚を2～3つに切る。ボウルにAを入れて混ぜ、まな鰹を入れてもみ込む。
② 豚ばら肉は幅2cmに切る。
③ 木綿豆腐は水気を切り、4等分にして素揚げして、油を切る。
④ 1を揚げて、油を切る。
⑤ フライパンで2を炒め、にんにく、生姜を加えて炒め合わせ、さらに3、4、Bを加えてひと煮立ちさせる。
⑥ 5に水溶き片栗粉をまわし入れてとろみをつけ、胡麻油をたらす。
⑦ 器に6を盛り、わけぎをのせる。

帆立貝のにんにく蒸し

材料／2～3人分

帆立貝	3個
ねぎ（みじん切り）	1本
にんにく（みじん切り）	小さじ1／3
生姜（みじん切り）	小さじ1／3
春雨（戻したもの）	適量
A	
スープ	大さじ2／3
塩	小さじ1／2
砂糖	小さじ1／5
醤油	少々
胡麻油	少々
片栗粉	小さじ1／2

＜特製醤油＞

スープ	大さじ3と1／3
醤油	大さじ1
ナンプラー	小さじ2
砂糖	小さじ1
香菜	少々

作り方

① 帆立貝は横から包丁を入れ、半分に切る。
② ねぎ、にんにく、生姜のみじん切りはフライパンで軽く炒める。
③ 2にAを入れ、混ぜ合わせる。
④ 3に1をからませる。
⑤ 皿に春雨を敷き、4をのせて、セイロで3～4分間蒸す。
⑥ 5に熱した油(分量外)、特製醤油の順にかけ、香菜をのせて出来上がり。

白身魚と野沢菜の唐辛子のせ蒸し

材料／2～3人分

白身魚（メロなど）	160g（40g × 4枚）
野沢菜（みじん切り）	60g
生姜（みじん切り）	小さじ1／2
泡辣椒《パォラージャオ》（みじん切り）	20g

※泡辣椒＝唐辛子の塩漬け

A

塩	小さじ1
砂糖	小さじ1／2
卵白	1／5個
片栗粉	小さじ1
胡椒	少々
胡麻油	大さじ2

B

胡麻油	大さじ1
塩	小さじ2
チキンコンソメ	小さじ1

作り方

① 白身魚を一口大に切り、Aで下味をつける。

② 野沢菜と生姜はフライパンでから煎りして水分をとばし、混ぜる。

③ 皿に1を並べ、上に2をのせ、Bをかけさらに泡辣椒をのせ、セイロで7分間蒸す。

太刀魚の香り揚げ

材料／4人分

太刀魚	1尾（800g）
パセリ	適量
A	
塩	小さじ1
カレー粉	小さじ1／2
五香粉《ウーシャンフェン》	小さじ1／2
胡椒	少々
卵	1／2個
片栗粉	大さじ1

作り方

① 太刀魚は頭と尾と背びれをとり、内臓をとり除き、幅4～5cmのぶつ切りにする。

② ボウルにAの材料を入れて、混ぜ合わせ、1を入れてもみ込んで、なじませる。

③ 2をきつね色になるまで3～4分揚げ、油を切り、器に盛り、パセリを添える。

帆立貝の湯引き

材料／2～3人分

帆立貝	3個
グリーンアスパラガス	2～3本
ねぎ（せん切り）	1／5本
チキンコンソメ	適量
ピーナッツ油（サラダ油でも可）	適量
A	
スープ	50g
醤油	大さじ1
ナンプラー	小さじ2
砂糖	小さじ1
B	
ねぎ（みじん切り）	少々
赤ピーマン（みじん切り）	少々
ピーマン（みじん切り）	少々
生姜（みじん切り）	少々

作り方

① 帆立貝を横に半分に切り、チキンコンソメを入れた湯（分量外）で、茹でる。八分火が通ったら、ざるにあげる。

② グリーンアスパラガスの根元を落とし、3cm幅に切り、塩（分量外）と油（分量外）を少々入れた湯で茹で、ざるにあげる。

③ 1、2を器に盛り、熱したピーナッツ油を少量かけて香りを出し、ねぎをのせる。

④ まずAを合わせて、そこにBを加えてタレを作り、3に添える。

こんなWineをチョイス

辛口のリースリングがよいでしょう。ナンプラーの入った醤油ベースのソースと、非常によく合います。

中華料理で
よく使う調味料

ナンプラー

タイで使われる魚醤。小魚を発酵させた上澄みを熟成させて作ります。アミノ酸が豊富でうま味が強く、独特の香りがあります。

海老のすり身の揚げトースト

材料／2～3人分

食パン（8枚切り）	2枚
海老のすり身	160g
白炒り胡麻、黒炒り胡麻、青のり	各適量
香菜	適量

＜海老のすり身の材料＞※作りやすい分量

海老（むき身）	300g
ラード	大さじ2強
卵白	大さじ2
片栗粉	小さじ2
塩	小さじ1／2
胡椒	少々

作り方

① 海老は塩少々(分量外)を加えてよくもみ、流水で洗って、キッチンペーパーで水気をふきとり、フードプロセッサーにかける。

② 1をボウルに移し、ラード、卵白を加えて手でよく練る。コシが出てきたら片栗粉、塩、胡椒を加え、粘りが出るまで練り混ぜすり身を作る。

③ 食パンは片面に片栗粉(分量外)を薄くまぶす。片栗粉のついた面に海老のすり身をのせる。

④ 2に白炒り胡麻、黒炒り胡麻、青のりを彩りよく、まんべんなくまぶしつける。

③ 4の具材をつけた面を下にして油(分量外)にすべりこませ、こんがり色づくまで2～3分揚げる。

④ 好みの形に切り分け、器に盛り、香菜を添える。

有頭海老の煎り焼き　特製ソース

材料／2～3人分

有頭海老	6尾
A（作りやすい量）	
トマトケチャップ	120g
AIソース（中濃ソースでも可）	大さじ3と1／3
リーペリンソース（ウスターソースでも可）	大さじ3と1／3
塩	小さじ2
砂糖	大さじ3
醤油	大さじ1／2
シーズニングスパイス	大さじ1／2
スープ	130cc

作り方

① Aを合わせ、加熱して冷ましておく。

② 有頭海老を背開きにして、背綿をとり出す。

③ フライパンで、有頭海老の両面を煎り焼きにする。

④ 3にAのソースを大さじ4～5杯ぐらい入れ、汁がなくなるまで煎り焼きにして、皿に盛る。

いかのスパイス揚げ

材料 / 2〜3人分

いか	300g
溶き卵	大さじ2
豆板醤	小さじ1／2
焼酎（またはウォッカ）	小さじ2
片栗粉	小
ねぎ（みじん切り）	小さじ1
にんにく（あらみじん切り・キツネ色に揚げておく）	2カケ分
香菜（みじん切り）	少々
鷹の爪	少々

A ※作りやすい分量

塩	100g
五香粉《ウーシャンフェン》	小さじ1／2
カエンペッパー	小さじ1／2
ガーリックパウダー	小さじ1／2

作り方

① いかに格子状に包丁を入れ、適当な大きさに切る。
② Aの材料をフライパンに入れ、軽く煎る。
③ 溶き卵、豆板醤、焼酎、小さじ1／2の量の2、片栗粉をいかと一緒にボウルに入れて合わせ、味をなじませておく。
④ 3を油でからりと揚げ、油をよく切っておく。
⑤ フライパンにねぎとにんにく、香菜、鷹の爪を加え、4を加えて、さらに炒め、最後に焼酎少々（分量外）を加えて、器に盛る。

●極うま中華の

肉料理

ボルドーの巨匠がつくる
味わいをより身近に
MICHEL
LYNCH
2011
BORDEAUX
APPELLATION BORDEAUX CONTRÔLÉE
Merlot - Cabernet
MICHEL
LYNCH
BORDEAUX
ミッシェル・リンチ

チャーシューと椎茸のサラダ

材料 / 2～3人分

チャーシュー	65g
椎茸	40g
なす	55g
トマト	120g
チキンコンソメ	少々
香菜	適量

＜ドレッシングの材料＞

醤油	大さじ2
みりん	大さじ1
日本酒	大さじ1
酢	大さじ1
玉ねぎ（すりおろし）	大さじ2／3
生姜（すりおろし）	少々
ブラックペッパー	少々
胡麻油	少々

作り方

① ドレッシングの材料を合わせ、ひと煮立ちさせ、あら熱をとる。

② チャーシューはスライス、他の食材は適当な大きさに切る。

③ 椎茸、なすは油通しをして、油を切る。

④ 湯(分量外)にチキンコンソメを入れて、3をさっと茹でてから氷水につけ、水気をよく切る。

⑤ トマト、チャーシュー、4をドレッシングであえ、器に盛り、香菜をのせる。

牛肉とピーマンの炒めもの

材料／2〜3人分

牛肉（もも肉、または脂身をのぞいたロース肉）	
	200g
ピーマン（細切り）	1個
赤ピーマン（細切り）	1／2個
筍（細切り）	70g
もやし	40 g

A

醤油	小さじ1弱
砂糖	小さじ1／3
紹興酒	小さじ1弱
重曹	小さじ1／2
溶き卵	大さじ1
生姜汁（生姜のしぼり汁）	少々
水	大さじ1〜2
片栗粉	小さじ2

油	大さじ2〜3

B

スープ	大さじ1強
塩	小さじ1／2
砂糖	小さじ1／3
オイスターソース	小さじ2
醤油	小さじ1
胡椒	少々
片栗粉	小さじ1／2

にんにく（みじん切り）	小さじ1／3
生姜（みじん切り）	小さじ1／3

作り方

① 牛肉をマッチ棒2本分ぐらいの太さの細切りにして、Aで下味をつけ、30〜40分冷蔵庫で休ませてから、油を加えて混ぜておく。

② ピーマン、赤ピーマン、筍、もやしを塩(分量外)と油(分量外)を少々入れた湯(分量外)で茹で、ざるにあげる。

③ Bを合わせる。

④ フライパンににんにく、生姜を入れて軽く炒め、2、油通しをした1を合わせて手早く炒め、3で味をつけ、器に盛る。

厚揚げとベーコンの炒めもの

材料／2～3人分

厚揚げ	1丁
ベーコン	200g
わけぎ（ざく切り）	1～2本分

A

溶き卵	小さじ1
醤油	小さじ1／2
胡椒	少々
片栗粉	少々

にんにく（みじん切り）	小さじ1／3
生姜（みじん切り）	小さじ1／3

B

醤油	小さじ1／2
砂糖	少々
チキンコンソメ	少々
胡椒	少々

水溶き片栗粉	少々
鶏油（サラダ油でも可）	少々

作り方

① 厚揚げを湯通しして、油っぽさをぬき、1cm幅に切る。

② Aを混ぜ合わせた中に、ベーコンを入れる。

③ ベーコンをさっと揚げる。

④ フライパンににんにく、生姜を入れて軽く炒め、1、3を加える。

⑤ 4にBを入れ、わけぎを加えて炒め、水溶き片栗粉を入れる。

⑥ 仕上げに鶏油を少々入れて、器に盛る。

チャーシューとねぎと生姜のピリ辛あえ

材料／2～3人分

ねぎ（せん切り）	120g（1本）
生姜（せん切り）	少々
チャーシュー（せん切り）	100g
A	
豆板醤	小さじ1／3
オイスターソース	小さじ2／3
醤油	小さじ1
砂糖	少々
胡椒	少々
胡麻油	小さじ1
油	大さじ1

作り方

① Aを合わせ、たれを作っておく。

② ねぎと生姜とチャーシューをボウルに入れ、熱した油をジュッとかけ、1であえ、器に盛る。

チャーシューともやし炒め

材料／2～3人分

もやし	200g
チャーシュー（せん切り）	120g
にら（ざく切り）	30g
ねぎ（みじん切り）	小さじ1
生姜（みじん切り）	小さじ1
A	
スープ	大さじ1
塩	小さじ1／3
砂糖	小さじ1／5
片栗粉	小さじ1／2
胡麻油	少々
紹興酒	少々

作り方

① もやしを塩(分量外)と油(分量外)を少々入れた湯で茹で、ざるにあげる。

② フライパンでねぎ、生姜、チャーシューを炒め、1とA、にらの順に加えて手早く炒め、器に盛る。

チャーシュー

材料／4人分

豚肉（肩ロースかたまり）	400g
A	
砂糖	100g
醤油	80cc
オイスターソース	小さじ2
芝麻醤《チーマージャン》	小さじ3
黒胡麻油	20cc
五香粉《ウーシャーフェン》	少々
生姜汁	少々
B（よく練っておく）	
はちみつ	大さじ2
白胡麻油	大さじ2
塩	少々
C	
とうもろこし粉	40g
溶き卵	大さじ1と2／3
白胡麻油	大さじ2／3
水	大さじ1
塩	小さじ1
片栗粉	小さじ1

＜中華風煮豆の材料と作り方＞

煮汁（作りやすい分量）	
水	1.5kg
上白糖	1kg
白ざらめ糖	1kg
キビ砂糖	600 g
醤油	100 g
桂皮	10 g
ローリエ	3枚
八角	2個
生姜	100g
食紅	適量

※煮汁を火にかけ、沸騰したら適量の大豆(戻したもの)を入れて、煮る。

しその葉	1枚

作り方

① 豚肉を2cmの厚さに切り、Aと混ぜ合わせる。途中、数回混ぜ返しながら40分ほど漬け込む。長く漬けすぎると、肉のうまみが逃げるので注意。

② 魚を焼くグリルの網に豚肉をのせ、強火で裏表それぞれ7分程焼く。

③ 肉にBをハケでまんべんなく塗り、強火のまま2分程焼き、食べやすい大きさに切り、器に盛る。

※写真では付け合わせとして、しその葉と中華風煮豆を添えています。

こんなWineをチョイス

はちみつを使って仕上げたチャーシューには、半甘口でボリュームがあり、香りの芳醇なゲヴュルツトラミネールを合わせました。

中華料理でよく使う調味料

芝麻醤

煎った胡麻をすりつぶし、油などでなめらかにのばしたもの。湯やスープでのばして、棒棒鶏や担々麺、冷やし中華などに使われます。

豚肉とキャベツのピリカラ味噌炒め

材料／2～3人分

豚肉	80g
キャベツ	200g
ねぎ（ざく切り）	100g
A	
甜麺醤	大さじ1
スープ	小さじ1
醤油	小さじ1／2
胡椒	少々
片栗粉	少々
にんにく（スライス）	適量
鷹の爪	適量
豆板醤	大さじ4と2／3
ねぎ（みじん切り）	小さじ1／3
胡麻油	大さじ1

作り方

① 豚肉を油で揚げる。
② キャベツは適当な大きさにちぎり、塩（分量外）と油（分量外）を少々入れた湯で茹で、ざるにあげる。
③ フライパンに油大さじ1（分量外）を入れ、にんにくを炒める。
④ 3に適当な大きさに切った鷹の爪、豆板醤、ねぎ（みじん切り）を加えて、弱火で炒め、2を入れて炒める。
⑤ 4に1、ねぎ（ざく切り）を加えて炒め、混ぜておいたAを入れて味をつけ、最後に胡麻油を加えて、器に盛る。

こんなWineをチョイス

赤ワインのシラーなどを合わせるのが一般的ですが、あえてコクのあるシャルドネを合わせるのもおもしろいと思います。

中華料理で
よく使う調味料

甜麺醤

小麦粉の麹を加えて作った甘いみそ。北京ダックの薄皮にぬるのもこれ。炒めものや煮込み料理の隠し味などにも。

黒酢の酢豚

材料／2～3人分

豚肉（肩ロース）	200g
A	
塩	小さじ1／4
胡椒	少々
胡麻油	少々
溶き卵	大さじ1
片栗粉	大さじ1
片栗粉	大さじ2
B	
黒酢	100cc
醤油	大さじ3
砂糖	大さじ5強
紹興酒	大さじ2

作り方

① 豚肉は少し厚めにスライスする。
② Aの中に1を入れ、よく混ぜて下味をつけてから、肉に片栗粉をまぶしてコーティングする。
③ 油で2を揚げ、油を切る。
④ フライパンにBを入れ、火にかけ、かき混ぜながら煮詰める。
⑤ 4に少しとろみがついたら、3を入れよくからませて、器に盛る。

豚肉の蜂蜜生姜焼き

材料／2～3人分

豚肉（生姜焼き用スライス）	600g
玉ねぎ（スライス）	1／2個
キャベツ（せん切り）	1／4個
A	
桂花陳酒	60cc
白ワイン	120cc
醤油	大さじ4
黒胡椒	適量
生姜（すりおろし）	大さじ1
にんにく（すりおろし）	小さじ1
蜂蜜	大さじ2と1／3
バター	大さじ1と1／3
胡麻油	少々
水溶き片栗粉	少々

作り方

① Aを合わせ、たれをつくっておく。

② キャベツを水にさらして、シャキッとさせて水気をよく切り、器に盛る。

③ フライパンで玉ねぎを炒め、透き通ってきたら、豚肉を加え、炒める。

④ 3にAを加え、炒め煮にし、胡麻油、水溶き片栗粉を加え、2の器に盛る。

にんにくの芽と豚肉の炒めもの

材料／2～3人分

にんにくの芽	120g
豚ロース肉（せん切り）	100g
筍（水煮・せん切り）	20g
赤ピーマン（せん切り）	10g
椎茸（せん切り）	20g

A

塩	少々
胡椒	少々
胡麻油	少々
片栗粉	小さじ1
水	大さじ1と1／2

＜薬味＞

にんにく（みじん切り）	少々
生姜（みじん切り）	少々
ねぎ（せん切り）	10g

B

オイスターソース	小さじ2
醤油	小さじ1
砂糖	小さじ1と1／2
胡椒	少々
スープ（水でも可）	大さじ2
片栗粉	小さじ1／2
胡麻油	適量
紹興酒	小さじ1

作り方

① 豚ロース肉はAで下味をつけ、油通しをして、油をよく切る。

② にんにくの芽も油通しをして、油をよく切る。

③ 筍は塩(分量外)と油(分量外)を少々入れた湯で茹で、ざるにあげる。

④ 薬味、赤ピーマン、椎茸をフライパンで炒める。香りが出たら、1、2、3を入れて、炒める。

⑤ 4にBで味つけをして、器に盛る。

鶏肉とカシューナッツの炒め

材料／4人分

鶏肉	200g
ピーマン	25g
赤ピーマン	25g
黄ピーマン	25g
干し椎茸（戻したもの、またはきのこ類）	25g
たくあん	25g
ねぎ（ざく切り）	15g
カシューナッツ	25g

A

醤油	小さじ1
溶き卵	大さじ1
胡椒	少々
胡麻油	少々
片栗粉	小さじ1／4

B

スープ	大さじ1
塩	小さじ1／3
砂糖	小さじ1／5
片栗粉	小さじ1／2
胡麻油	少々

にんにく（みじん切り）	小さじ1／3
生姜（みじん切り）	小さじ1／3

作り方

① Aで下味をつけた鶏肉をさいの目に切り、油通しをする。

② ねぎとカシューナッツ以外の材料はさいの目に切り、塩(分量外)と油(分量外)を少々入れた湯で茹で、ざるにあげる。

③ フライパンでにんにく、生姜を炒めて香りを出し、1、2、を加え、Bで味をつけ、ねぎ、カシューナッツを加えて、軽く炒め、器に盛る。

豚肉、椎茸、筍のみじん切り炒め　レタス包み

材料／2～3人分

肩ロース（あられ切り）	40g
干し椎茸（戻したもの）	10g
筍（水煮）	60g
黄にら	10g

ビーフン（揚げたもの）	適量
レタスカップ（レタスを1枚ずつはがし、形を整えたもの）	3枚

A

醤油	小さじ1
溶き卵	小さじ1
片栗粉	小さじ1／2
胡椒	少々

にんにく（みじん切り）	小さじ1／3
生姜（みじん切り）	小さじ1／3
ねぎ（みじん切り）	15g

スープ	30cc
醤油	小さじ2／3
オイスターソース	小さじ2／3
胡椒	少々
水溶き片栗粉	少々
ねぎ油（サラダ油でも可）	少々

作り方

① 肩ロースはAで下味をつけておく。
② 干し椎茸、筍、黄にらは適当な大きさに切る。
③ 干し椎茸、筍は油通しをして、油を切る。
④ フライパンににんにく、生姜、ねぎを加えて炒め、香りを出し、1をよく炒めてから、3を入れスープを加える。
⑤ 4にスープ、醤油、オイスターソース、胡椒を順に入れて味をととのえ、黄にらを入れ、水溶き片栗粉、最後にねぎ油を加える。
⑥ レタスカップにビーフンを適量のせ、その上に5を盛る。

※写真で薬味として添えているのは、甘酢生姜のみじん切りと甜麺醤です。

こんな*Wine*をチョイス

レタスのサクサク感を楽しむ料理。野菜のおいしさ、甜麺醤の甘さを引き立てる、ローヌ地方の辛口のロゼワインがおすすめです。

豚肉のサラダ

材料／2～3人分

豚肉（肩ロースかたまり）	600g
カリフラワー	1／2株
エリンギ	2本
なす	2本
A	
醤油	600cc
みりん	300cc
酒	300cc
ねぎの青いところ	適量
生姜	適量

B　※A3に対して	
胡麻油	少々
酢	1
玉ねぎ（すりおろし）	1
生姜（すりおろし）	少々
黒胡椒	適量
生姜	適量

作り方

① Aを合わせ、ひと煮立ちさせ、あら熱をとっておく。

② 豚肉をたこ糸でしばり、1時間とろ火で焼いてから、1に30分漬け込み、引き上げる。

③ カリフラワー、エリンギ、なすは適当なサイズに切って、塩(分量外)と油(分量外)を少々入れた湯で茹でてから、2の汁に入れて下味を含ませる。

④ 残った汁にBを加えてドレッシングを作る。

⑤ 3を器に盛って、その上に2をうすくスライスしたものをのせ、4をかける。

豚肉のにんにくソース

材料 / 2～3人分

豚肉（しゃぶしゃぶ用）	300g
きゅうり	1本
A	
ねぎ（みじん切り）	小さじ2
にんにく（みじん切り）	小さじ1
にんにく（すりおろし）	小さじ1
生姜（みじん切り）	小さじ1
醤油	大さじ2
紹興酒	大さじ1
豆板醤	小さじ1
酢	小さじ1
砂糖	大さじ1
胡麻油	大さじ1
辣油	小さじ1
スイートチリソース	小さじ2

作り方

① きゅうりはできるだけうすく切り、水にさらしてシャキッとさせておく。
② 豚肉を茹で、水気をよく切って、きゅうりと皿に盛る。
③ Aの材料すべてをボウルなどで混ぜ合わせ、2にかける。

豚ばら肉と野菜の辛味あえ

材料／2～3人分

豚ばら肉（スライス）	200g
プチトマト	4～6個
きゅうり	1本
ルッコラ	1／2袋
レタス	1／4個

A

にんにく（みじん切り）	小さじ1
しょうが（みじん切り）	小さじ1
ねぎ（みじん切り）	大さじ1
醤油	大さじ1
豆板醤	小さじ2
芝麻醤	大さじ2
砂糖	小さじ1
胡麻油	小さじ1

作り方

① 豚ばら肉は茹でてから冷水で冷やし、よく水気を切り、食べやすい大きさに切る。

② プチトマトはへたをとる。

③ きゅうりは包丁の腹で叩いて、ひと口大に切る。ルッコラ、レタスも同じぐらいの大きさに切りそろえる。

④ 1、2、3を器に盛る。

⑤ ボウルにAを合わせ、4にかける。

棒々鶏

材料／4人分

鶏もも肉	250g
トマト	1個

＜漬け汁＞

水	1と1／4カップ
紹興酒	小さじ2／3
塩	小さじ2／3
砂糖	小さじ1／5
山椒	小さじ1／2
ねぎ	適量
生姜（スライス）	2枚

＜胡麻だれ＞

酢	150cc
醤油	105cc
ねぎ（みじん切り）	1／2本分
練り胡麻	200g
砂糖	80g
生姜汁	小さじ1と1／2
辣油	適量
胡麻油	40cc

作り方

① たっぷりの湯（分量外）を沸かし、鶏肉を入れ、再び沸いたら火を弱め、鶏肉が浮いてこないよう落としブタをして30分茹でる。その後、流水で冷ます。

② 漬け汁の材料を鍋に入れ、沸かして冷まし、1を1時間以上漬けておく。

③ 胡麻だれの酢、醤油は別の鍋に入れて、それぞれ沸かし、冷ましておく。

④ ボウルにねぎを入れ、練り胡麻、3、砂糖、生姜汁、辣油、胡麻油を加えて混ぜ合わせ、胡麻だれを仕上げる。

⑤ 鶏肉は皮をとって細切りにして、スライスしたトマトと器に盛り、4をかける。

鶏もも肉と栗の醤油煮

材料／2～3人分

鶏もも肉	300g
栗（皮をむいたもの）	100g
椎茸	50g
わけぎ（ざく切り）	1本
にんにく（みじん切り）	小さじ1／3
生姜（みじん切り）	小さじ1／3
紹興酒	大さじ1
スープ	180cc
A	
塩	小さじ1／4
胡椒	少々
溶き卵	小さじ2
片栗粉	少々
胡麻油	少々
B	
醤油	大さじ2
砂糖	小さじ1／4
オイスターソース	大さじ1
胡椒	少々
水溶き片栗粉	少々
胡麻油	少々

作り方

① 鶏もも肉を一口大に切り、Aで下味をつけ、40～60分冷蔵庫で休ませる。
② 栗を10分茹でる。
③ 椎茸はそぎ切りにして、軽く茹でる。
④ フライパンで1を焼き、両面に焼き色をつける。
⑤ にんにく、生姜をフライパンで炒め、わけぎを加える。その後、2、3、4を加え、紹興酒、スープの順に加えてから、Bで味をつける。
⑥ 5を3分煮込んだら、水溶き片栗粉でとろみをつけ、胡麻油を加えて、器に盛る。

こんな*Wine*をチョイス

栗の甘みと醤油味のバランスを楽しむ料理には、ロゼワインの中でも、ロワール地方の半甘口タイプが合うでしょう。

中華料理でよく使う調味料

水溶き片栗粉

水2、片栗粉1の割合で混ぜたもの。料理のとろみづけに使います。すぐに固まってしまうので、使う直前に合わせましょう。

陳皮と鶏肉の蒸しもの

材料／2～3人分

鶏もも肉	300g
干し椎茸（戻したもの）	3枚
陳皮（水につけて、やわらかくしておく）	
	3cm角を1枚
生姜（みじん切り）	小さじ1／2
ねぎ（ぶつ切り）	1／2本

A

塩	小さじ1／3
砂糖	小さじ1／3
胡椒	少々
胡麻油	小さじ1／3
オイスターソース	小さじ1
紹興酒	小さじ1
片栗粉	小さじ1

作り方

① 鶏もも肉、干し椎茸は一口大に切る。
② ボウルに1、細切りにした陳皮、A、生姜を入れ、混ぜ合わせる。
③ 皿に2とねぎをのせて、セイロで6分間蒸す。

こんな*Wine*をチョイス

シャルドネを主体にしたシャンパーニュがおすすめ。料理の繊細な味わいとバランスがとれ、柑橘系の風味が陳皮の香りとマッチ。

中華料理で
よく使う調味料

陳皮

みかんの皮を乾燥させたもの。甘酸っぱい香りとほのかな苦味があり、漢方薬でもよく使われます。

鶏肉のから揚げ　ねぎ香味だれがけ

材料／4人分

鶏もも肉（骨付）	4本
上新粉	大さじ4
片栗粉	大さじ2
全卵	1個

A

ねぎ（みじん切り）	大さじ2／3
生姜（みじん切り）	大さじ2／3
バジル（みじん切り）	5枚
こぶみかん（みじん切り）	2枚
※ライムで代用してもよい	
胡麻油	小さじ1
胡麻	小さじ1

B

水	350cc
塩	大さじ1
砂糖	大さじ1／3
焼酎（またはウォッカ）	小さじ1
ねぎ（みじん切り）	1／4本
生姜（みじん切り）	1かけ
山椒	小さじ1／2

C

醤油	大さじ3
酢	大さじ3
砂糖	大さじ2
スイートチリソース	大さじ2

作り方

① Aを合わせ、鶏もも肉を漬け込んで、冷蔵庫で2時間休ませ、味を含ませる。

② 1の鶏もも肉を取り出し、セイロで10分間蒸す。

③ 上新粉、片栗粉、全卵を合わせ、2をからめ、油で揚げる。

④ Bの材料を鍋に入れて沸かし、あら熱をとり、Cを加える。

⑤ 3を適当なサイズに切って器に盛り、4のソースをかける。

鶏肉の特製辛味揚げ

材料／（作りやすい分量）

鶏（骨付）	1羽分
ベビーリーフ、ルッコラなどの野菜	適量

A　※作りやすい分量

砂糖	1.5kg
中華粉末だし	600g
塩	600g
カエンペッパー	300g

B　※作りやすい分量

水あめ	2400cc
水	600cc
酢	300cc
赤酢	150cc

作り方

① 鶏は腹開きにして、内側をフォークでつき、裏表にまんべんなくAをふりかける。そのままバットにおいて一晩寝かす。
② 1に三方から串を打ち、さらに横から1本串を打ち、両足の先は針金で縛ってつなぐ。
③ 2の皮のほうだけ熱湯をかける。
④ 3の皮全体にまんべんなくBをぬり、半日陰干しする。
⑤ オーブンに4を入れ、弱火で30分焼いてから、針金や串をはずして油で揚げる。
⑥ 4を適当な大きさに切って器に盛り、野菜を添える。

鶏肉のオーブン焼き　黒胡椒風味

材料／2～3人分

鶏もも肉	1枚（300g）
ルッコラ、水菜など、つけ合わせの葉物野菜	適量

A

塩	小さじ1と1／2
砂糖	小さじ1と1／2
全卵	2個
溶かしバター	大さじ1
黒胡椒	小さじ2
エシャロット（みじん切り）	大さじ1と2／3
セロリ（みじん切り）	大さじ1と2／3

作り方

① 鶏もも肉を開いて、適当に包丁を入れる。

② Aを合わせ、鶏もも肉を漬け込み、30分おく。

③ 250度のオーブンで2を20分焼く。

④ 3を食べやすい大きさに切って、器に盛り、ルッコラ、水菜などの野菜を添える。

牛カルビ肉の米まぶし蒸し

材料／2～3人分

牛カルビ肉	500g
かぼちゃ	60g
ねぎ（みじん切り）	少々
香菜	少々
粉山椒	少々
白米	100g
もち米	25g
八角	1粒
桂皮	2cm
丁字	2～3粒

A

醤油	大さじ1
砂糖	小さじ1
豆板醤	大さじ1
甜麺醤	大さじ1／2
にんにく（すりおろし）	小さじ1
焼酎（またはウォッカ）	大さじ1
片栗粉	大さじ1弱
胡麻油	小さじ1
豆豉	大さじ1
生姜汁	小さじ1

作り方

① 白米、もち米を水洗いして、ざるにあけ、水気を切りよく乾かす。

② 1、八角、桂皮、丁字をフライパンに入れ、ゆっくり弱火で加熱し、薄く色がついたら火を止める。あら熱をとってから、すり鉢であらめにする（ミキサーを使ってもよい）。

③ 牛カルビ肉は一口大に切り、Aと混ぜあわせ、2を全体にまぶす。

④ 皿に、スライスしたかぼちゃ、3の肉を盛り、せいろで6分間蒸す。

⑥ 蒸しあがった4に、ねぎをのせ、熱した油（分量外）をジュッとかけ、その上に香菜をのせ、粉山椒をふる。

大根と牛ばら肉の潮州風水炊き

材料／2～3人分

牛ばら肉（ブロック）	300g
大根	300g
ねぎ（青い部分）	1本分
生姜（小）	1／2かけ
八角	1個
粒胡椒	10粒
月桂樹の葉	1枚
チキンコンソメ	少々
塩	少々
砂糖	少々
玉ねぎ（スライス）	1／4個
セロリ（せん切り）	少々

作り方

① 牛ばら肉をブロックのまま、3分間茹で、いったん器にとる。

② 水2ℓ（分量外）にねぎ、生姜、八角、粒胡椒、月桂樹の葉を入れ、1を入れて、弱火で2時間煮る。

③ 牛ばら肉を取り出して冷ます。

④ 3の汁をこす。1ℓ分の汁にチキンコンソメ、塩、砂糖を入れ、味をととのえる。

⑤ 大根は適当な大きさに切り、少量の砂糖を加えた水で茹でてから、4の汁500ccを使って、20分間蒸す。

⑥ 4の残りの500ccに玉ねぎ、セロリ、スライスした3、5を入れ、弱火で3分ぐらい煮て、出来上がり。

和牛の黒胡椒炒め

材料／2～3人分

和牛リブロース	200g
スナップえんどう	8本
エリンギ	55g
赤ピーマン	20g
マコモ茸	20g
ねぎ（斜め切り）	50g

A

黒胡椒	小さじ1／2
にんにく（みじん切り）	小さじ1／2
エシャロット	小さじ1／2
生姜（みじん切り）	少々
バター	小さじ1

B

紹興酒	大さじ1／2
スープ	大さじ3と1／3

C

砂糖	少々
オイスターソース	大さじ2／3
醤油	小さじ1／2

水溶き片栗粉	小さじ1
胡麻油	小さじ1／3
黒胡椒	少々

作り方

① 和牛リブロースに塩(分量外)、胡椒(分量外)をふって、フライパンで両面焼き、適当な大きさに切る。

② スナップえんどう、エリンギ、赤ピーマン、マコモ茸は油通しして、塩(分量外)と砂糖(分量外)を少々入れた湯で茹で、ざるにあげる。

③ ねぎをこんがり焼く。

④ Aを炒め、香りが出たらBを加えて沸かし、Cも加える。

⑤ 4に、1、2を加えて、炒める。

⑥ 5に水溶き片栗粉を加え炒め、3を加え、胡麻油を加えて器に盛り、仕上げに黒胡椒をふる。

Iwanaga Enterprise Tokyo

ギャラリー西麻布

【アクセス】

東京メトロ 日比谷線「六本木駅」2 番出口より徒歩 9 分

東京メトロ 千代田線「乃木坂駅」5 番出口より徒歩 7 分

東京メトロ 日比谷線「広尾駅」　3 番出口より徒歩 13 分

東京都港区西麻布 2 丁目 11-2 SHINKOH 西麻布ビル B 1 階

TEL/FAX　03-3797-1801

E-mail　k.iwanaga@ozzio.jp

営業日　火 - 土曜日 /10:00 ～ 17:00

定休日　日曜日・月曜日

●本格味の

卵料理・豆腐料理

にらと卵の炒めもの

材料／2～3人分

にら（ざく切り）	150g
卵	4個
ねぎ（みじん切り）	少々
塩	小さじ1／3
砂糖	少々

作り方

① ボウルに卵を割り、塩、砂糖を入れて、よく混ぜる。

② フライパンで1を炒め、八分ぐらい固まったら、にらとねぎを入れて炒め、器に盛る。

かき入りオムレツ

材料／4人分

生がき（殻なし・小さめのもの）	150g
片栗粉	適量
卵	5個
ねぎ（みじん切り）	30g
塩	小さじ1／3
胡椒	少々
スイートチリソース	適量

作り方

① 生がきをさっと茹で、水気をキッチンペーパーでふきとり、片栗粉をまぶし、カリッと揚げる。

② 卵を溶きほぐし、ねぎ、塩、胡椒を加えてかき混ぜる。

③ フライパンに2の1／4量を流し入れ、すぐに1の1／4量を加えて、かき混ぜながら円盤状にまとめ、両面を軽く焼く。同様に残り3人分も作る。

④ 3を器に盛り、スイートチリソースをかける。

ピータンと広東白菜の煮びたし

材料 / 2～3人分

ピータン	1個
広東白菜（ふつうの白菜でもよい）	300～350g
にんにく	3カケ
生姜（みじん切り）	小さじ1／3
スープ	180cc

A

砂糖	少々
塩	少々
醤油	小さじ1
オイスターソース	小さじ1
胡椒	少々

水溶き片栗粉	少々
鶏油（サラダ油でも可）	少々

作り方

① にんにくは軽く包丁でつぶし、きつね色になるまで揚げる。
② 広東白菜を食べやすい大きさに切り分け、塩(分量外)と油(分量外)を少々入れた湯で、3～4分茹で、ざるにあげる。
③ ピータンは大きめのあられ切りにする。
④ フライパンに生姜を入れて軽く炒め、1、2、3を戻して炒める。
⑤ 4にスープを入れて煮込み、Aを入れて、5～6分煮る。
⑥ 5に水溶き片栗粉を入れてとろみをつけ、最後に鶏油を入れて、混ぜ合わせ、器に盛る。

こんな*Wine*をチョイス

クセのあるピータンに負けないのは、ピノ・ノワールを使ったしっかりとコクのあるシャンパーニュ、もしくはスパークリングワイン。

中華料理で
よく使う調味料

紹興酒

もち米を原料にした醸造酒。肉をやわらかくする、素材の生臭さを消すだけでなく、芳醇な香りで中華風の香りをつけるなどの効果があります。

ロースハム入り中華風スクランブルエッグ

材料／2〜3人分

卵	3個
ロースハム（薄切り）	3〜4枚
ねぎ（みじん切り）	大さじ3
にら（小口切り）	大さじ3
塩	小さじ1／2
胡椒、胡麻油	各少々

作り方

① ロースハムは1cm角に切る。

② ボウルに卵を割り入れてよく溶きほぐし、1、ねぎ、にらを加え、よく混ぜる。

③ フライパンに2を流し入れ、塩、胡椒、胡麻油を加えて、大きくかき混ぜながら強火で炒め、半熟のうちにまとめて器に盛る。

にらと豚ひき肉の卵焼き

材料／2～3人分

にら	1束（120g）
卵	3個
豚ひき肉	80g
A	
醤油	小さじ2／3
溶き卵	小さじ1
胡椒	少々
片栗粉	少々
B	
塩	小さじ2／3
砂糖	少々
胡椒	少々
にんにく（みじん切り）	小さじ1／3
生姜（みじん切り）	小さじ1／3

作り方

① Aと豚ひき肉、Bと卵をよく混ぜる。にらは1cmのざく切りにしておく。

② フライパンににんにく、生姜を入れて軽く炒め、豚ひき肉を加えて、よく火を通し、皿などに取り出す。

③ 2のフライパンに卵を入れて炒め、卵に九分火が通ったら、にらと豚ひき肉を入れる。

④ 3のにらに火が通ったら、器に盛る。

麻婆豆腐

材料／4人分

豆腐	1と1／2丁（400g）
牛ひき肉	80g
ねぎ	50g
豆板醤	小さじ1
甜麺醤	小さじ1
にんにく（みじん切り）	小さじ1
生姜（みじん切り）	小さじ1
ねぎ（みじん切り）	小さじ1
醤油	大さじ1
紹興酒	大さじ1
スープ	大さじ1
砂糖	小さじ1
オイスターソース	小さじ2
水溶き片栗粉	適量
胡麻油	小さじ1

作り方

① 豆腐を2cm角に切り、ボウルに入れる。
② 沸騰した湯500cc（分量外）に塩大さじ1／2（分量外）を加え、1に注ぎ、よく水気を切る。
③ フライパンで牛ひき肉をよく炒める。
④ 3に豆板醤、甜麺醤、にんにく、生姜、ねぎを加え、さらに炒めて香りを出し、醤油、紹興酒、スープ、砂糖、オイスターソースを入れる。
⑤ 2を4に加えて、水溶き片栗粉でとろみをつけ、胡麻油をたらし、器に盛る。
※好みで辣油や山椒を加えてもよい。

こんなWineをチョイス

ドイツのリースリングなど、少し甘めの白ワインが、刺激的な麻婆豆腐の味わいをやわらげてくれます。

中華料理でよく使う調味料

豆板醤

中国・四川地方特有の唐辛子味噌。独特の辛味は四川料理作りに欠かせず、少し酸味のある香りも特徴です。

豆腐と豚肉の炒め煮

材料／2～3人分

木綿豆腐（厚揚げでもよい）	1丁
豚肉（スライス）	100g
青・赤・黄ピーマン	各25g
豆板醤	小さじ1／3
ねぎ	1／2本
にんにく（みじん切り）	少々
生姜（みじん切り）	少々
酒	少々
スープ	100cc
A	
塩	少々
醤油	少々
胡椒	少々
溶き卵	小さじ1／3
片栗粉	小さじ1／2

B	
甜麺醤	小さじ1／3
醤油	小さじ1／3
オイスターソース	小さじ1／2
砂糖	小さじ1／2
水溶き片栗粉	少々
胡麻油	少々

作り方

① 豚肉はAで味をつけてから、油大さじ2（分量外）を加えておく。
② 木綿豆腐は水を切り、1丁を12等分にして、高温の油で揚げる。厚揚げの場合は、1回湯通しして、油を落とす。
③ 青・赤・黄ピーマンは適当な大きさに切って、塩（分量外）と油（分量外）を少々入れた湯で茹で、ざるにあげる。
④ 1を油通しする。
⑤ 豆板醤を香りが出るまでよく炒め、ねぎ、にんにく、生姜、酒、スープを入れ、2、3、4とBを加え少し煮て、味をととのえる。
⑥ 5に水溶き片栗粉でとろみをつけ、胡麻油を少々加えて盛る。

ピータンと豆腐のあえもの

材料／4人分

ピータン	1個
絹ごし豆腐	1丁
ザーサイ	20g
万能ねぎ	1本
干し海老	20g
カシューナッツ	5個
香菜	適量
A	
胡椒	少々
醤油	大さじ2
酢	大さじ1
砂糖	大さじ1／2
豆板醤	小さじ1
生姜汁	小さじ1
胡麻油	小さじ1

作り方

① Aの材料をボウルに全部入れて、混ぜ合わせておく。
② ピータンはあらみじん切り、ザーサイは軽く茹でて塩抜きしてみじん切り、万能ねぎは小口切りにする。
③ 干し海老はサッと茹で、水気をきって、あらみじん切りにする。
④ カシューナッツを揚げる。
⑤ 絹ごし豆腐を適当な大きさに切る。
⑥ ボウルに2、3、5を入れ、1を加えてあえ、器に盛り、くだいたカシューナッツを散らし、香菜を飾る。

かぼちゃと豆腐の胡麻ソースあえ

材料／2～3人分

かぼちゃ	1／5個
木綿豆腐	1丁
万能ねぎ	適量

＜胡麻ソース＞作りやすい分量

芝麻醤	40g
海鮮醤	25g
米酢	大さじ2
砂糖	大さじ1
醤油	大さじ2と2／3
胡麻油	大さじ1
にんにく（すりおろし）	大さじ2／3

作り方

① かぼちゃは種とワタをとり除き、さいの目に切って揚げ、あら熱をとる。

② 木綿豆腐は軽く水気を切って、さいの目に切る。

③ 胡麻ソースの材料と水40ml（分量外）をボウルに入れ、よく混ぜる。

④ 別のボウルに1と2を入れ、胡麻ソース100gであえ、器に盛り、細かく切った万能ねぎをちらす。

こんな*Wine*をチョイス

半甘口で、香りが芳醇なゲヴュルツトラミネールがかぼちゃの自然な甘み、胡麻の香ばしい風味に合うでしょう。

中華料理で
よく使う調味料

米酢

米が原料で、独特の甘みとやわらかな香りが特徴。酢そのものの風味を味わうような、加熱しない料理に適しています。

豆腐と海老すり身の蒸しもの

材料／2〜3人分

豆腐	1／2丁
海老すり身（作り方は64ページ参照）	200g
万能ねぎ（小口切り）	適量

A

塩	小さじ1
卵白	小さじ1
片栗粉	小さじ2
胡麻油	少々
胡椒	少々

B

醤油	大さじ1
水	大さじ3
オイスターソース	小さじ1

作り方

① 豆腐の水気をよく切る。

② 海老のすり身を1と混ぜ合わせ、Aを加え、下味をつけておく。

③ 2を平たく皿に盛り、セイロで5分間蒸す。

④ 3が蒸しあがったら、万能ねぎをのせ、熱した油（分量外）をかけ、合わせてひと煮立ちさせたBを周りに流す。

白菜と豆腐の中華スープ

材料 / 4人分

白菜	1～2枚（100g）
木綿豆腐	1／2丁
干し椎茸（水で戻す）	2枚
生姜（薄切り）	1枚
紹興酒	大さじ2
スープ	3カップ
塩	少々

作り方

① 白菜は幅2cm×長さ5cmの短冊切りにして、塩(分量外)と油(分量外)を少々入れた湯で茹で、ざるにあげる。
② 木綿豆腐は8等分にする。
③ 椎茸は軸を切り落とし、そぎ切りにする。
④ フライパンで生姜を炒めて香りを出し、紹興酒、スープ、1、2、3を加える。
⑤ 4を中火で10分ほど煮て、塩で味をととのえ、器に盛る。

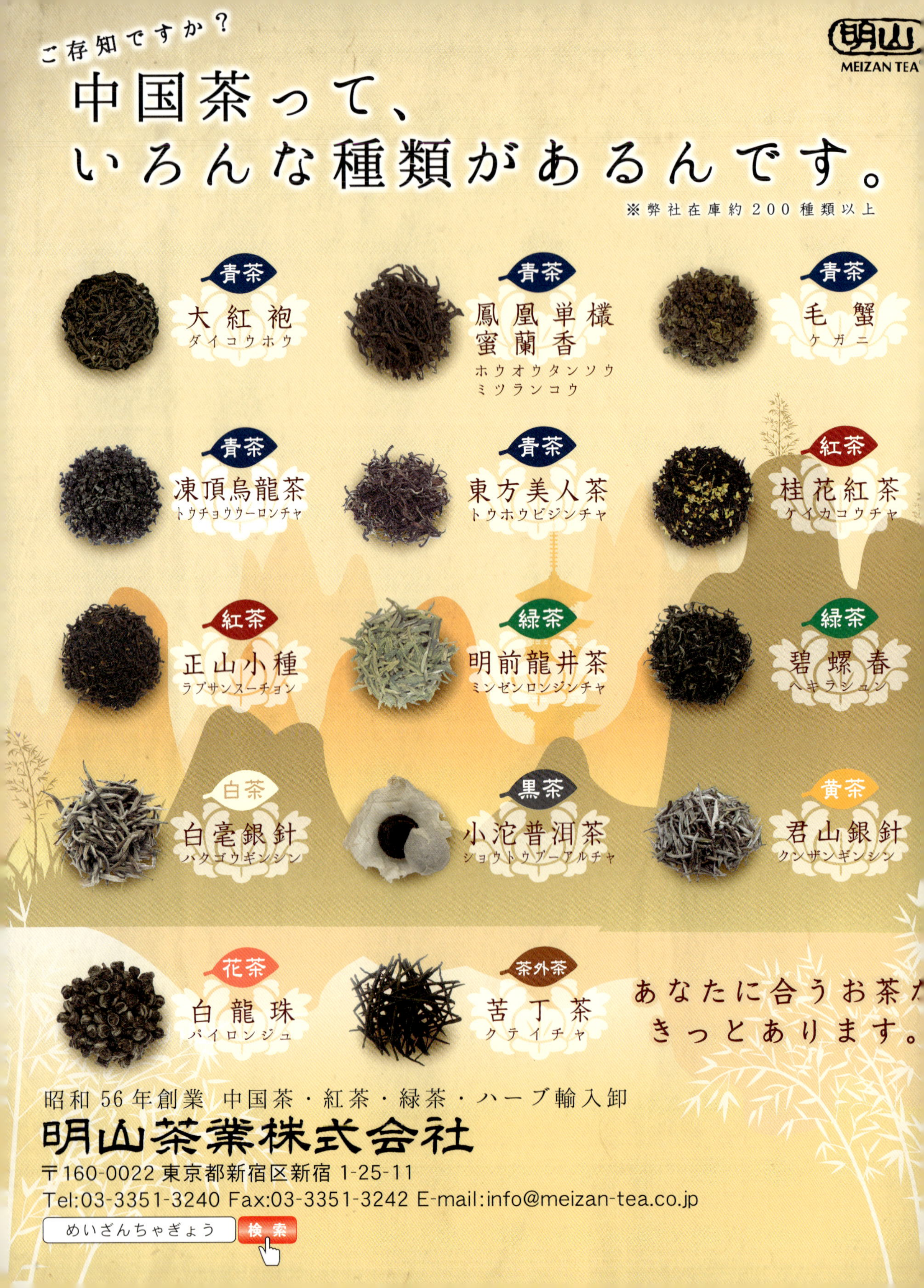

明山
MEIZAN TEA
ご存知ですか？
中国茶って、
いろんな種類があるんです。
※弊社在庫約200種類以上
青茶
大紅袍《ダイコウホウ》
青茶
鳳凰単欉蜜蘭香《ホウオウタンソウミツランコウ》
青茶
毛蟹《ケガニ》
青茶
凍頂烏龍茶《トウチョウウーロンチャ》
青茶
東方美人茶《トウホウビジンチャ》
紅茶
桂花紅茶《ケイカコウチャ》
紅茶
正山小種《ラプサンスーチョン》
緑茶
明前龍井茶《ミンゼンロンジンチャ》
緑茶
碧螺春《ヘキラシュン》
白茶
白毫銀針《ハクゴウギンシン》
黒茶
小沱普洱茶《ショウトウプーアルチャ》
黄茶
君山銀針《クンザンギンシン》
花茶
白龍珠《パイロンジュ》
茶外茶
苦丁茶《クテイチャ》
あなたに合うお茶
きっとあります。
昭和56年創業 中国茶・紅茶・緑茶・ハーブ輸入卸
明山茶業株式会社
〒160-0022 東京都新宿区新宿 1-25-11
Tel:03-3351-3240 Fax:03-3351-3242 E-mail:info@meizan-tea.co.jp
めいざんちゃぎょう
検索

●満足の逸品

点心・ごはん・麺

ただちゃ豆と海鮮かけごはん

材料 / 2〜3人分

ごはん	適量
A	
ただちゃ豆（むき身）	15g
しめじ（さいの目にカット）	10g
いか（さいの目にカット）	10g
芝海老（さいの目にカット）	15g
帆立貝（むき身・さいの目にカット）	15g
スープ	450 cc

B	
塩	少々
胡椒	少々
チキンコンソメ	少々
片栗粉	小さじ1
オイスターソース	小さじ1
紹興酒	大さじ1

作り方

① Aをすべて湯通しする。

② 鍋にスープ、1を入れて火にかけ、Bで味をつけ、あんを作る。

③ 器に盛ったごはんに2をかける。

あんかけチャーハン

材料／6人分

ごはん	420g
卵	3個
ねぎ（みじん切り）	40g
塩	少々
胡椒	少々

A

チャーシュー	45g
グリーンアスパラガス	45g
椎茸	45g
芝海老（むき身）	45g
干し貝柱（戻したもの）	30g

B

紹興酒	大さじ1
スープ	350cc
醤油	少々
砂糖	小さじ1／3
胡椒	少々
オイスターソース	大さじ2

水溶き片栗粉	少々

作り方

① Aの材料を1cm角に切る。
② 1を塩（分量外）と油（分量外）を少々入れた湯で茹で、ざるにあげる。
③ 大さじ2の油（分量外）をフライパンに入れ、卵を入れ、半熟状になったところでごはんを入れ、塩、胡椒を加え、ほぐすようにに炒め、さらにねぎを加えて炒め、器に盛る。
④ 鍋（フライパンでもよい）にB、2を入れ、沸いてきたら水溶き片栗粉でとろみをつける。
⑤ 3に4をかける。

カレービーフン

材料／2～3人分

ビーフン	180g
チャーシュー	40g
芝海老（むき身）	60g
ピーマン	20g
赤ピーマン	20g
玉ねぎ	30g
もやし	50g
全卵	1個
カレー粉	小さじ1と1／2

A（合わせておく）

スープ	大さじ3
塩	小さじ1と1／2
醤油	小さじ1
砂糖	小さじ1と1／2

作り方

① ビーフンは少しかために茹で、さっと炒める。
② チャーシュー、ピーマン、赤ピーマン、玉ねぎはせん切りにして、塩（分量外）と油（分量外）を少々入れた湯で茹で、ざるにあげる。
③ 芝海老は油通しをして、さいの目に切る。
④ 錦糸卵を作って、せん切りにする。
⑥ フライパンに大さじ1の油（分量外）を加えてカレー粉を炒め、2、もやし、3を加えて手早く炒める。
⑦ 6に1とAを加え、味がまんべんなくいきわたるように炒め、器に盛り4をのせる。

こんな*Wine*をチョイス

カレーの香り、ビーフンの味わいを引き立てるすっきりタイプがおすすめ。辛口のロゼワインなどがよいでしょう。

中華料理でよく使う調味料

カレー粉

複数のスパイスを合わせたもので、どんな食材とも相性がよく、「いつもと一味変えたい」ときに便利です。

特製醤油のあえそば

材料／2〜3人分

にら	1束（160g）
中華めん	2玉
A（合わせて加熱しておく）	
醤油	大さじ1
スープ	大さじ1
ナンプラー	少々
胡椒	少々
B	
一味唐辛子	少々
わけぎ（せん切り）	適量
生姜（せん切り）	適量
油	少々

作り方

① にらは5mm幅ぐらいの小口切りにする。

② 中華めんを茹でて、一度水洗いしてぬめりを取り、もう一度熱湯にくぐらせて、器に盛る。

③ 2に1とBをのせ、熱した油をかける。その上にAのたれをかける。

豚肉の細切りともやし入り焼きそば

材料／2〜3人分

中華めん（蒸したもの）	120g
もやし	50g
白なす（細切り）	100g
ピーマン（細切り）	30g
赤ピーマン（細切り）	15g
豚肉（細切り）	80g
生姜（みじん切り）	少々
スープ	200cc
A	
胡椒	少々
オイスターソース	大さじ1／2
醤油	大さじ1／2
砂糖	少々
水溶き片栗粉	大さじ1
胡麻油	少々

作り方

① 中華めんはほぐさずに焼いて、油切りしてから、器に盛る。
② もやし、白なす、ピーマン、赤ピーマンは塩（分量外）と油（分量外）を少々入れた湯で茹で、ざるにあげる。
③ 豚肉を油通しする。
④ 生姜を炒めて、2、3を入れて炒め、スープを加え、Aで味をととのえる。
⑤ 4に水溶き片栗粉を入れ、胡麻油を入れて、1の上にかける。

うに入りチャーハン

材料／1人分

うに	30g
青梗菜（あられ切り）	30g
卵	1個
ごはん	200g
生姜（みじん切り）	小さじ1／2
塩	小さじ1／4
胡椒	少々
生姜汁	大さじ1
ねぎ（みじん切り）	大さじ2／3
白胡麻	少々

作り方

① うに、青梗菜を塩(分量外)と油(分量外)を少々入れた湯で茹で、ざるにあげる。

② 大さじ2の油(分量外)をフライパンに入れ、溶きほぐした卵を入れて、半熟状になったところでごはんを入れ、ほぐすように炒める。

③ 2に1と生姜を加えて炒め、塩、胡椒、生姜汁を加え強火で炒め、ねぎを入れて炒めて、器に盛る。仕上げに生うに(分量外)をのせて、白胡麻をふる。

干し貝柱入り卵白のチャーハン

材料／1人分

ごはん	200g
干し貝柱	1個（小さいもの）
グリーンアスパラガス	1本
卵白	1.5個分
万能ねぎ（小口切り）	大さじ1
干貝柱の戻し汁	小さじ1／2
生姜（スライス）	適量
塩	小さじ1／2
胡椒	少々

作り方

① 干し貝柱の3倍の量の水（分量外）の中に、干し貝柱、生姜を加え30分おく。その後、干し貝柱を40分蒸してから、取り出して水気を切り、身をほぐす。
※汁は捨てないこと。

② 1の貝柱を揚げ、キッチンペーパーで油をふきとる。

③ グリーンアスパラガスは塩（分量外）と油（分量外）を入れた湯で茹で、ざるにあげる。

④ フライパンに油（分量外）をしき、卵白を炒め、ざるにあげる。

⑤ 4のフライパンでごはんを弱火でパラパラにほぐしながら炒める。

⑥ 5に1の戻し汁を少しずつ加えながら炒め、2、3、4を戻して炒め、最後に万能ねぎを加え、塩、胡椒で味をととのえ、皿に盛る。

ライスペーパー巻き揚げ

材料／作りやすい分量

ライスペーパー	適量
筍（茹でたもの）	75g
にら（1cm に切る）	200g
海老（むき身）	600g
枝豆	100g
塩	小さじ1と1／3
コーンスターチ	大さじ1
A	
ラード	75g
胡麻油	大さじ1
胡椒	少々
砂糖	大さじ1／2
チキンコンソメ	小さじ1
大地魚粉	大さじ1
※大地魚粉＝粉末の魚だし。	市販品がある
スイートチリソース	適量

作り方

① 筍は細切りにする。
② にらはフライパンでさっと炒め、7〜8割ぐらい火を通しておく。
③ 海老に塩、コーンスターチを加え、海老がつぶれて粘りが出るまで練る。
④ 3に1、2、A、茹でた枝豆を加え、混ぜ合わせる。
⑤ ライスペーパーを広げて、霧吹きでしめらせ、4を適量（約20g）のせ、春巻きの要領で包み、油で揚げる。
⑥ 5を器に盛り、スイートチリソースをつけて食べる。

こんな *Wine* をチョイス

軽い食感、やや甘みのあるソースを使った料理には、キリッとして酸味のきいたシャブリがおすすめ。海老との相性も抜群です。

中華料理で
よく使う調味料

スイートチリソース

甘さとほのかな酸味の中にピリッとした辛みがあるのが特徴。肉の下味つけなどにも重宝します。

水餃子

材料／2～3人分

豚ひき肉	450g
にら（みじん切り）	200g
ねぎ（みじん切り）	200g
塩	大さじ1／2
A	
生姜	15g
チキンコンソメ	小さじ1
砂糖	大さじ1と1／2
胡椒	少々
醤油	大さじ1
オイスターソース	大さじ1弱
胡麻油	大さじ1と1／2
ねぎ油	大さじ1と1／2
スープ	100cc
餃子の皮（市販品）	適量

作り方

① 豚ひき肉に塩を入れて混ぜる。次にAを入れて、よく練る。

② 1に、にらとねぎを入れて、よく混ぜる。

③ 2を餃子の皮で包み、茹で、器に盛る。

一口餃子

材料／40個分

豚ひき肉	100g
ねぎ	5cm ぐらい
生姜、にんにく	各1／2かけ
にら	1／4束
キャベツ	2枚
＜調味料＞	
醤油、紹興酒	各大さじ1
砂糖	大さじ3／4
胡麻油	大さじ1／2
豆板醤	小さじ1
塩	小さじ1／3
胡椒	少々
餃子の皮（市販品）	40枚

作り方

① 野菜はすべてみじん切りにする。
② ボウルに豚ひき肉を入れ、白っぽくなるまで手でよく練り、1のねぎ、生姜、にんにくを加えてさらに練る。
③ 調味料を2に加えて混ぜ、さらに練って粘りが出たら、にら、キャベツを加えてさっくりと混ぜる。
④ 餃子の皮で3を包み、フライパンに油大さじ1／2(分量外)を入れて強火で、底が少し乾くまで焼く。
⑤ 4に餃子が1／3ほどひたる程度の熱湯を注ぎ、すぐふたをして蒸し焼きにする。
⑥ 水分がなくなったらふたをとり、器に盛る。

蓮の葉包みごはん

材料／12～13個分

もち米	500g
蓮の葉	3枚
A	
塩	小さじ1
砂糖	大さじ1と2／3
胡椒	少々
干し貝柱	15g
胡麻油	大さじ1
B	
鶏もも肉（さいの目切り）	150g
チャーシュー（さいの目切り）	40g
海老（さいの目切り）	75g
椎茸（さいの目切り）	75g
C	
塩	小さじ2／3
砂糖	大さじ1／2
オイスターソース	小さじ1
醤油	小さじ1
胡椒	少々
胡麻油	少々
水溶き片栗粉	少々

作り方

① もち米、蓮の葉はそれぞれたっぷりの水に漬け、一晩おく。
② もち米の水気を切り、さらしなどをしいたセイロに入れ、45～60分ぐらい蒸す。
③ 100ccの熱湯(分量外)にAを入れる。
④ 2をボウルに入れ、3と戻した干し貝柱、胡麻油を加えて、混ぜる。
⑤ Bの材料をさっと茹で、ざるにあげる。
⑥ 鍋に150ccの水(分量外)とC、5を入れて加熱し、沸いてきたら水溶き片栗粉を入れる。
⑦ 4と6をさっくり合わせる。
⑧ 蓮の葉を包みやすいサイズに切り、7を適当な量取って包み、セイロで10分蒸す。
※写真の万能ねぎは飾りなので、お好みで。

こんなWineをチョイス

コクはあるけれど、渋みは抑えたメルローが合うでしょう。飲みやすい赤ワインなので、ごはんとのバランスもよいでしょう。

中華料理でよく使う調味料

蓮の葉

鶏肉、豚肉、ごはん、炒飯などを包み、蒸したり、焼いたりすると、葉の清涼な香りが食材にうつり、食欲をそそります。

焼売

材料 / 20個分

豚肉（肩ローススライス）	180g
海老（むきみ）	320g
干し椎茸（戻したもの）	60
豚の背油	60g
とび魚の卵	適量
塩	小さじ1と1／2
片栗粉	小さじ2
ラード	9g
胡麻油	小さじ1
焼売の皮（市販）	20枚
A	
塩	少々
胡椒	少々
砂糖	大さじ1

作り方

① 豚肉はせん切り、海老はあらみじん切りにする。
② 干し椎茸は塩(分量外)と油(分量外)を少々入れた湯で茹で、3mm角に切る。豚の背油も3mm角に切る。
③ ボウルに豚肉、塩、片栗粉を入れ、肉がつぶれて粘りが出るまで、手で練り、海老を加えてさらに練り合わせる。
④ 3にAを加えて、よく混ぜ合わせる。
⑤ 4に干し椎茸、豚の背油を加えてよく混ぜ合わせ、ラード、胡麻油を加えてさらに混ぜ、皿に移し、平らにする。
⑥ 焼売の皮で5を包み、上にとび魚の卵をのせる。
⑦ セイロに、ペーパーやレタスなどをしいて6を並べ、8分ほど蒸す。

スープワンタン

材料／2～3人分

芝海老	80g
豚肉（肩ロース）	60g
筍	15g
椎茸	1枚
ワンタンの皮（市販）	16枚
スープ	3カップ
青梗菜（ざく切り）	1／2株
ねぎ（みじん切り）	適量

A

塩	少々
胡椒	少々
胡麻油	少々
片栗粉	小さじ1

B

塩	小さじ1
胡椒	少々
醤油	小さじ1
胡麻油	小さじ1／2

作り方

① 芝海老、豚肉はあらみじん切り、筍、椎茸はみじん切りにする。
② 青梗菜は塩(分量外)と油(分量外)を少々入れた湯で、茹で、ざるにあげる。
③ ボウルに1を入れ、Aを加えて手で混ぜ合わせ、粘りが出るまでよく練り、平らな皿に移して16等分する。
④ ワンタンの皮で3を包む。
⑤ 鍋にスープを入れて沸かし、Bを入れて味をととのえ、2を加える。
⑥ 別の鍋に湯(分量外)を沸かし、4を5分ほど茹でて、取り出す。
⑦ 5に6を加えてサッと煮て、器に盛り、ねぎを散らす。

香 李錦記 港
HONG LEE KUM KEE KONG

新鮮なカキのエキスをたっぷり使用し、伝統製法で作り上げました。

本場香港のおいしさです。

オイスターソースの歴史は
李《リ》錦《キン》記《キ》の歴史

1888年、李錦記の創始者である李錦裳（リ・キンシェン）によって世界初のオイスターソースが誕生しました。広東省南水近くの小さな村で料理店を営んでいた李錦裳は、ある日カキの調理中に火を消し忘れ、気がつくと鍋底に香りのよい濃厚なソースが溜まっていました。その今まで味わったこともないようなコクと旨みが詰まったソース、これが「オイスターソース」のはじまりです。

本物だけが持つ 深いコクと濃厚なカキの風味が特徴。
炒め物をはじめ、煮物や揚げ物、料理の隠し味などに
幅広くお使いいただけます。

炒め物に

隠し味に

そのままかけて

揚げ物に

SPICE & HERB S&B
日本家庭用商品販売代理店
エスビー食品株式会社
http://www.sbfoods.co.jp

www.LKK.com
李錦記
LEE KUM KEE

家庭で作る簡単本格中華スープ

市販の顆粒の中華スープや鶏がらだしなどを
使ってもかまいませんが
豚ひき肉と市販のチキンコンソメで簡単に
本格的な味わいの中華スープが作れます。
添加物など、余分なものが入っていないので
体にやさしくヘルシー。
中華料理以外でも、おいしく使えます。
本書で「スープ」と表示してあるものは
すべてこのスープを使うことを想定しています。
まとめて作って、製氷皿を使って凍らせ
少量ずつ冷凍保存しておくと便利です。

材料／約１ℓ分

豚ひき肉（赤身）	80g
水	1.5ℓ
チキンコンソメ	大さじ1

① 中華鍋に、湯(分量外)を沸かし、豚ひき肉を入れる。

② 1をおたまで軽く混ぜながら、さっと火を通す。

③ 別の鍋に水、2の豚ひき肉を入れて火にかけ、ひと煮立ちしたら、弱火に。

④ 途中、浮いてきたアクのみをとり、うま味となる脂分は残すようにする。

⑤ 4が透明になったら、チキンコンソメを入れる。

⑥ ペーパータオルをしいたざるで、5を静かにこす。

⑦ 本格中華スープのでき上がり。そのまま冷ましてあら熱がとれたら、製氷皿などに入れて、冷凍しておく。

家庭で、おいしい中華料理を作る5つのコツ

コツ その1

中華鍋にこだわらず フライパンでOK

「おいしい中華料理を作るなら、中華鍋を用意しなければ」と思っている人も多いようです。しかし家庭では、鍋底に丸みのある中華鍋よりも、平らなフライパンのほうが、均等に熱が伝わるので使いやすいでしょう。

特に広東料理は少ない油でサッと炒めることが多いので、浅い鍋やフライパンを使って、木べらで炒めれば十分です。

コツ その2

鍋はふらずに 水平に揺らす

テレビなどで、中華の料理人が中華鍋を大きく上下にふって料理をしている様子を目にしたことがある人も多いでしょう。中華料理のプロは鍋をふって材料を返しますが、家庭の火力で同じ動きをマネすると、鍋が火元から離れてしまうので、意味がありません。

鍋やフライパンはコンロに置いて、水平（前後）に揺らすように動かすこと。材料を返すときは、木べらを使いましょう。

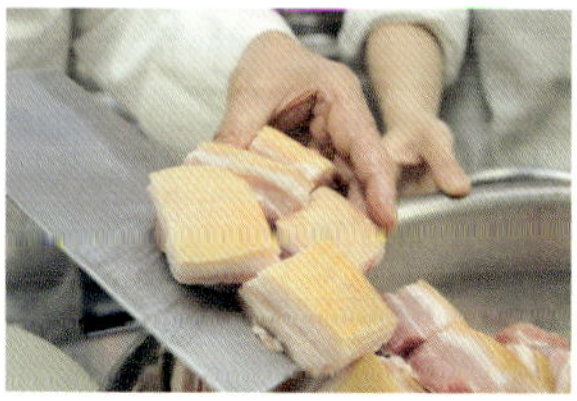

コツ その3

めんどうがらず 下準備をしよう

本書の作り方でもご説明していますが、野菜などは塩と油を入れた湯で茹でる、肉や魚介類は油通しをしておけば、短い時間で調理ができます。また先に素材に下味をつけておくと、素材のうまみが逃げず、おいしく仕上がります。

調味料はあらかじめ用意してから、調理を始めること。調理のさいちゅうに調味料を用意していたのでは、材料にどんどん火が入り、炒め過ぎになってしまいます。

コツ その4

炒め油の量は 調理器具によって、調節を

本書で使う油は、とくに表記のない限り、サラダ油です。調理器具によって使う油の量が異なるので、炒め油の量はあえて、表示していません。

こびりつき防止の加工がほどこされているフライパンを使う場合は、炒め油は基本的に不要です。鉄製のフライパンや中華鍋を使う場合は、まず煙が出るぐらいフライパンや鍋を熱してから油をなじませる「油ならし」をしてから調理しましょう。

コツ その5

少量の仕上げ油で うまみをプラス

中華料理では、仕上げに少量の油を回し入れたり、上からかけたりして、料理につややうまみを加えるテクニックがあります。使いやすいのは胡麻油ですが、その他、市販の鶏油やねぎ油などを使うと、より本格的な味わいが楽しめます。

中華料理と
ワインのマリアージュを楽しもう

「赤坂璃宮」ではオープン当初の16年前から
中華料理とワインのマリアージュを提案してきました。
ワインビギナーのみなさんがご家庭で
気軽に、中華料理とワインを楽しむための心得を
いくつか挙げてみましたので
ぜひ参考になさってください。

1

店員さんを味方にして、ワインの知識を拡げよう

ワインビギナーで「どんなワインを買えばいいか、わからない」という人は遠慮せず、どんどんショップの店員さんに相談してください。予算とともに「赤ワイン、白ワインのどちらがいいのか」「重たいもの、軽いもの、どちらが好みか」「どんな料理に合わせたいのか」などを伝え、店員さんといろいろ話しながら選ぶと、少しずつワインの知識も拡がっていくでしょう。

2

基本は、ワインと料理のボリューム感を合わせる

たとえば甘いソースを使った料理にはやや甘めのワイン、繊細な料理には繊細なワイン、こってりとした料理にはややボリュームのあるワインなど、基本的に、ワインと料理はボリュームや味わいを合わせると、失敗がありません。

もちろん全く反対の組み合わせを試すのも「あり」です。迷ったときは、ロゼワイン、もしくは軽めの赤ワインを合わせるとよいでしょう。

3

プロの味やプロの組み合わせから、学ぼう

どんなに本を読んで勉強するよりも、経験・体験が大事。自分で実際に食べながら、飲むと、ワインと料理との相性がよくわかります。そのときにワイン好きの友人、ワインに詳しい人がいれば、なおベター。

またワインを豊富に揃えていて、ワイン選びについてアドバイスしてもらえる中華料理店に足を運ぶのもおすすめです。料理の味つけや盛り付け、そして料理とワインとの組み合わせ方など、プロからさまざまなヒントを得ることができるでしょう。

4

グラスを何種類か用意すると、より楽しい

ボルドーグラス、ブルゴーニュグラス、リースリンググラスなど、ワイングラスもよく見るといろいろな形があります。「グラスによって、ワインの味が変わる」とも言われますが、家庭で楽しむ場合はあまり難しく考えないでよいでしょう。ただグラスが１種類で、「どんなワインを飲むのも同じグラス」よりも、ワインや料理、食卓の雰囲気に合わせて、グラスを変えたほうが楽しいですね。高価なものを揃える必要はありません。家庭では、脚のないタイプのグラスも使いやすいと思います。

譚　彦彬 *Hikoaki Tan*

1943年横浜中華街生まれ。新橋「中国飯店」、芝「留園」を経て、仙台ホテル「梅花園」の副料理長、京王プラザホテル「南園」の副料理長を歴任。ホテルエドモント「廣州」の料理長を経て、1998年「赤坂璃宮」のオーナー総料理長に就任し、「廣州」、池袋ホテルメトロポリタン「桂林」の総料理長も兼任。伝統的な考え方に基づいた本格的な広東料理でありながら、柔軟な発想で素材選びや調理法を工夫し、優れたメニューを生み出している。

その真摯な姿勢、温厚な人柄も人気で、調理師学校、料理教室、イベントなどの調理講師をはじめ、香港グルメツアーの主催、料理雑誌や料理番組でも活躍中。また中国料理正宗廣東会副会長として、広東料理の普及にも努めるなど、日本における広東料理の重鎮的存在。

赤坂璃宮

【直営店】

赤坂本店
東京都港区赤坂 5-3-1　赤坂 Biz タワー atrium2F
☎ 03-5570-9323

銀座店
東京都中央区銀座 6-8-7　交詢ビル 5 階
☎ 03-3569-2882

【関連店舗】

ホテルモリノ新百合丘店
神奈川県川崎市麻生区上麻生 1-1-1
☎ 044-953-5111

羽田空港　１ビル店
東京都大田区羽田空港 3-3-2 羽田空港第 1 旅客ターミナル 3F
☎ 03-5757-8839

羽田空港　２ビル店
東京都大田区羽田空港 3-4-2 羽田空港第 2 旅客ターミナル 4F
☎ 03-6428-8525

【プロデュース店舗】

海鮮名菜 香宮《シャングウ》
東京都港区西麻布 1-4-44 シグマ西麻布 II 1F（星条旗通り沿い）
☎ 03-3478-6811

広東名菜　桂翠《ケイスイ》
千葉県千葉市美浜区ひび野 2-10-3 ホテルグリーンタワー幕張 2F
☎ 043-296-1122

譚料理長の広東家菜
東京都大田区羽田空港 3-4-2 羽田空港 第 2 旅客ターミナル 3F
ターミナルロビー
☎ 03-6428-8531

東京炒飯
東京都千代田区丸の内 1-9-1 東京駅 グランスタ
グランスタダイニング 1F
TEL:03-3217-1886

東京老拉麺
東京都新宿区西新宿 1 新宿駅南口地下　京王モール街
TEL:03-3346-0525

STAFF

調理アシスタント　水野耕作（銀座店料理長）
ワインセレクション　野坂裕彦（銀座店支配人）

撮影　岩崎奈々子
デザイン　会津菜穂美
スタイリング　地南　学
文・編集　植田晴美
アシスタント　大竹恵里奈

企画プロデュース　水谷和生

赤坂璃宮　譚 彦彬

ワイン好きの
中華おつまみ100

第一刷　2014年9月30日
発行人　原田　勳
編集人　村田惠子
発行所　株式会社ワイン王国
〒106-0046　東京都港区元麻布3-8-4
Tel. 03-5412-7894　Fax. 03-5771-2393

販売提携　株式会社ステレオサウンド
印刷製本　奥村印刷株式会社

ISBN978-4-88073-340-1